더 소중해진
홈 Life is Good

집에서 보내는 일상이
더욱 소중해지고 있습니다

당신의 소중한 홈 Life가
더 건강하고
더 즐겁고
더 편리할 수 있도록

LG가 늘 함께하겠습니다

 LG

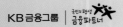

세상을 바꾸는 금융

국민인증서의 시대
KB모바일인증서로 열다

 • KB모바일인증서 발급 경로: KB스타뱅킹 > 인증센터 > KB모바일인증서 > 인증서발급/재발급　**• 준비물:** 본인명의휴대폰, 신분증

쉽고 빠르고 간편한 로그인

패턴, 지문, Face ID 중
선호하는 방식으로 로그인

유효기간 없이 평생 사용

한 번 발급만으로 갱신이나
재발급 필요없이 사용 가능

폭넓게 활용하는 통합 인증서비스

KB금융그룹 주요 계열사와 플랫폼에서
다양하게 활용

※ KB모바일인증서는 14세 이상 1인 1기기만 발급 및 이용이 가능하며, 장기 미사용(1년 이상)시 인증서 재발급이 필요할 수 있습니다. 이용채널, 이체한도 및 이용기기 등 KB모바일인증서 관련 자세한 내용은 KB국민은행 지점
또는 스마트상담부(☎1588-9999)로 문의하시거나, KB국민은행 홈페이지(www.kbstar.com)를 참조하시기 바랍니다.　　　　준법감시인 심의필 제2020-1863호(2020.09.16), 광고물 유효기한 2021.12.31까지

올림픽보다
큰 운동회

관객도 박수 소리도 작은 경기지만
어린 선수들의 각오는 올림픽만큼 큽니다

건강한 체력과 인성이 자라는
꿈나무 체육대회는 세상 가장 큰 운동회입니다

대한민국의 보험은
사람입니다

KYOBO 교보생명

LG하우시스

머무는 공간에서
움직이는 공간까지

당신이 어디에 있든, 무엇을 하든
LG하우시스의 앞선 공간기술은 당신과 함께 합니다

에너지 세이빙 수퍼세이브창

건강한 바닥재 지아소리잠

건강을 더한 지아벽지

연비절감 경량화 소재

인테리어스톤 하이막스

자연을 닮은 데크 우젠

식물 유래 성분 대쉬보드

쾌적한 시트소재

디자인 인테리어 필름

건축장식자재 LG Z:in

에너지를 절감하는 **창호/고단열 유리**
자연 유래 성분의 **벽지/바닥재**
다양한 디자인의 **인테리어스톤**
공간을 더욱 돋보이게 하는 **인테리어/데코 필름**
고성능 **건축용 단열재**

자동차소재부품

우수한 내구성의 쾌적한 **자동차 원단**
연비 향상에 기여하는 **경량화 부품**
품격을 높이는 내외장재 **자동차 부품**

고기능소재

기능성 **가전제품용 표면소재**
옥외 디스플레이 **광고용 소재**

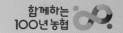
함께하는
100년농협

초협력으로 함께
무한 성장을 이뤄갑니다

세상에 흩어진 다양한 능력과
생각을 만나게 합니다
성장을 넘어 세상에 없던
새로움을 탄생시킵니다

영역과 경계를 뛰어넘는
다양한 가치들이 한데 모여
무한 성장을 만들어가는 초협력

초협력으로 함께하는 농협이 되어
농업인, 국민의 든든한 힘이 되겠습니다

나라를지키는
아들을지키는
보험

"I'm your ARMY"
[아:임 유어 어미]

신약개발,
생명을 키우다

LG화학은
지역 사회와
국제 아동을 위한
보건 증진에
기여하고 있습니다

저신장 아동 성장 호르몬을 나눔 하는
LG화학 생명과학 사업

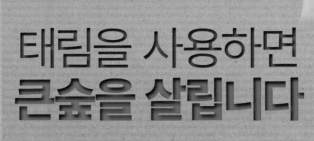
태림을 사용하면
큰숲을 살립니다

No.1 친환경 토탈패키징 기업

재생종이로 만드는 골판지 박스는 재활용이 가능한 친환경 포장재입니다.
환경에 대한 책임으로 일하는 기업, 태림을 사용하면 큰 숲을 살립니다.

GLOBAL SAE-A

SAE-A TRADING | SAE-A EINS | SAE-A SPINNING | SAE-A **stx** ENTECH
WIN TEXTILE | IN THE F | S&A | TAILIM PAPER | TAILIM PACKAGING

2021
경제 大예측

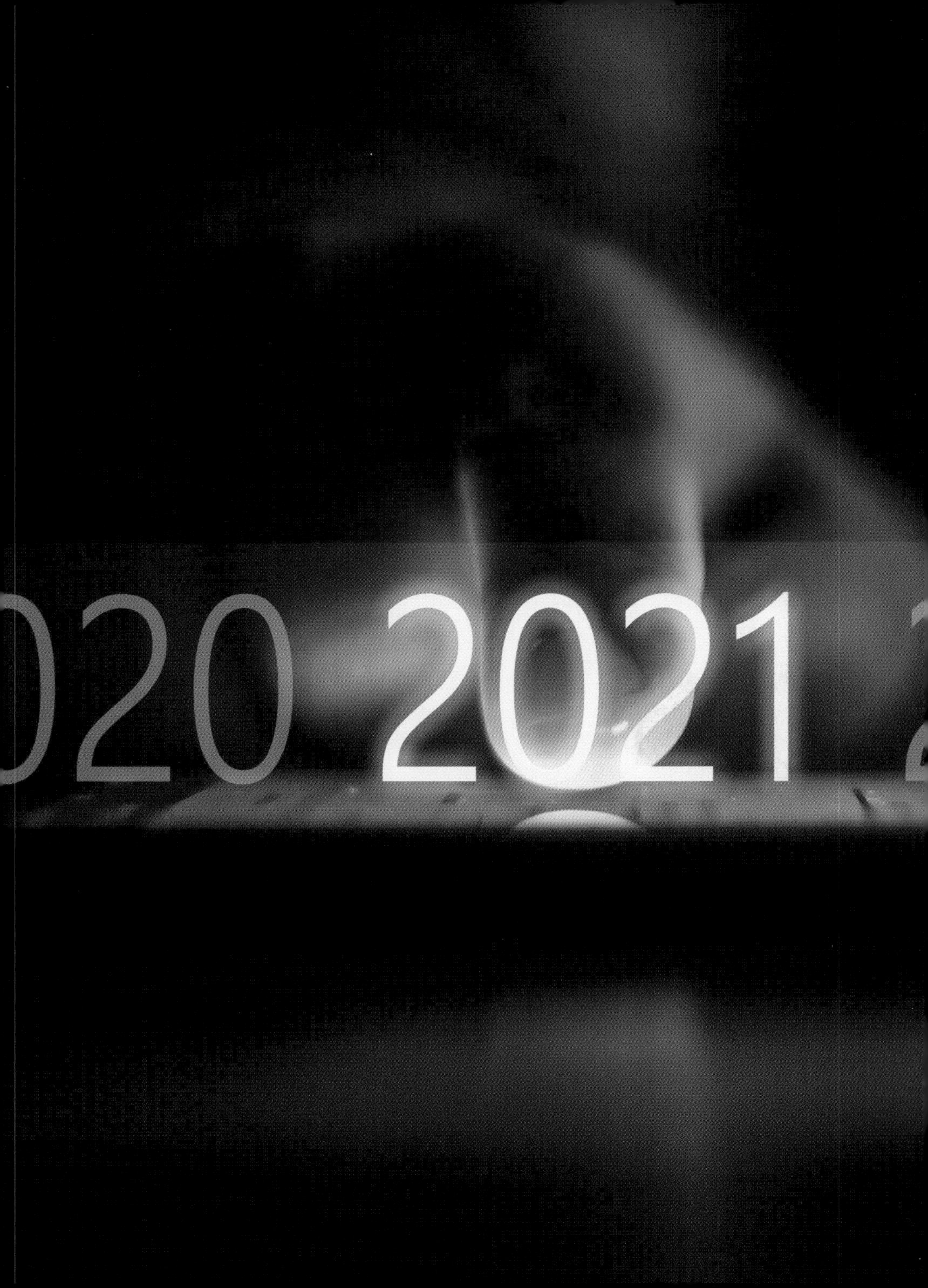
020 2021

2021
경제大예측

022 2023

중앙일보 PLUS 이코노미스트

CONTENTS

코로나 블랙홀이
삼켜버린
경제

이창훈 기자

그야말로 블랙홀이었다. 전 세계 경제를 빨아들인 신종 코로나바이러스 감염증(코로나19)은 각종 경제 지표와 전망을 무용지물로 만들었다. 2020년 세계 경제 불확실성의 핵이었던 미국과 중국의 무역 분쟁도 코로나19에 비할 바는 아니었다. 미국의 대공황이나 세계대전 등 전 세계적 재앙에 비견될 정도로 코로나19의 파괴력은 상상을 초월했다. 코로나19가 전 세계 경제 시계를 멈췄다는 말이 과언은 아닌 상황이었다.

한국 경제도 예외일 순 없었다. 코로나19로 하늘 길이 막힌 항공·여행업계는 사실상 개점휴업에 돌입했고 이에 따라 파산 위기에 내몰린 기업들이 속출했다. 정부가 편성한 구제 금융으로 연명 치료를 이어갔지만, 버티지 못한 기업들은 대규모 정리해고를 단행했다. 이른바 '신의 직장'이라고 불리던 정유회사들이 희망퇴직을 실시하는 일까지 벌어졌다. 곤두박질친 국제유가 탓에 수조원의 영업손실을 기록했기 때문이다. 정유업계 호황에 따라다니던 수사는 이제 옛말이 됐다.

코로나19로 내수는 쪼그라들었지만 집값은 천정부지로 치솟았다. 서민들의 내 집 마련의 꿈은 말 그대로 '꿈'이 됐다. 코로나19의 불확실성으로 국내 증시는 폭등과 폭락을 오가며 출렁댔다. 내 집 마련행 마지막 열차에 올라타려는 사람들과 '롤러코스터 주가'에 몸을 실은 개인 투자자들이 늘면서 가계 부채도 폭증했다. '빚투'(빚내서 투자), '영끌'(영혼까지 끌어 모아 투자) 등의 신조어도 등장했다.

그래도 실낱같은 희망은 보였다. 삼성·LG·SK 등 이른바 한국 경제 '대들보' 기업들이 시장 예상치를 상회하는 '깜짝 실적'을 기록하면서 미끄러지던 우리 경제를 떠받쳤다. 코로나19로 맥을 못 추던 기업들도 3분기를 기점으로 부진의 늪을 빠져 나오는 분위기다. 2020년 한국의 국내총생산(GDP) 순위는 전년 대비 2계단 상승한 세계 10위를 기록할 것이란 전망도 나온다. 1997년 외환위기,

2008년 세계 금융위기 등 위기 때 빛났던 한국의 DNA가 코로나19 재앙에서도 빛을 발할 수 있을까.

코로나19 위기 속 선방한 한국

2020년 전 세계 각국의 경제 성장률은 마이너스(-) 행진을 이어갔다. 2020년 2분기 실질 GDP 성장률(전 분기 대비)을 보면, 중국(11.5%)을 제외한 대부분 국가의 성장률은 마이너스를 기록했다. 특히 영국(-20.4%)·프랑스(-13.8%)·독일(-9.7%)·미국(-9.1%) 등의 낙폭이 컸다. 3분기에 미국(7.4%)·일본(5.0%) 등의 경제 성장률이 플러스로 돌아서면서 최악의 침체 상황에서 벗어나고 있다는 전망도 있지만, 코로나19 재확산 등의 악재가 여전해 2020년 대부분 국가들은 마이너스 경제 성장률에서 탈출하지 못할 것으로 보인다.

세계은행은 2020년 6월 세계 경제 전망을 발표하고 2020년 세계 경제 성장률이 -5.2%를 기록할 것으로 전망했다. 세계은행은 2020년이 제2차 세계대전 후 최악의 불황이며 지난 2009년 글로벌 금융위기 당시와 비교해 3배 정도 가파른 경기 침체라고 평가했다. 국제통화기금(IMF) 역시 2020년 10월 세계 경제 전망을 내놓고 2020년 세계 경제 성장률이 -4.4%에 머물 것으로 내다봤다. 국책연구기관인 대외경제정책연구원도 2020년 세계 경제 성장률 전망치를 -5.1%로 제시했다.

한국 역시 코로나19에서 자유롭지 못했다. 세계 각국의 봉쇄 조치로 해외여행이 제한되면서 항공·여행업계의 보릿고개가 이어졌다. 1년 내내 무급휴직이 지속됐고, 아시아나항공·HDC현대산업개발, 제주항공·이스타항공의 인수합병은 모두 불발됐다. 이스타항공이 직원 605명을 정리해고하면서 코로나19발(發) 대규모 실직 사태 우려도 현실로 다가왔다. 정부는 매각 실패 후 독자 생존이 불가능한 아시아나항공을 대한항공에 매각하기로 했다.

코로나19로 국제유가가 폭락하면서 이른바 '기름 집'으로 불리며 알짜로 평가 받던 정유업계도 휘청댔다. 3분기 말 연결기준으로 SK이노베이션의 누적 영업손실은 2조2439억원에 달한다. 에쓰오일의 누적 영업손실도 1조1808억원이다. 에쓰오일은 2020년 창사 이래 첫 희망퇴직을 실시했으며, 향후 정기적으로 희망퇴직을 진행할 계획이다. SK이노베이션·에쓰오일 등은 코로나19로 불확실한 경영 상황을 감안해 2021년에 투자 규모를 대폭 줄이기로 했다.

전 세계 각국은 코로나19로 위기에 빠진 나라 경제를 살리기 위해 사실상 '현금 살포'에 가까운 지원책을 쏟아냈다. 코로나19 이후 각국 정부들이 발표한 재정 지원 규모의 합은 무려 19조5000억 달러에 달한다. 미국 중앙은행인 연방준비제도(Fed)는 2020년 3월 1.00%~1.25%의 기준금리를 1% 포인트 전격 인하해 0.00%~0.25%로 조정했다. 한국은행도 2020년 두 차례 금리 인하를 결정해 종전 1.25%에서 0.5%로 내렸다. 전 세계 국가들이 사실상 '제로 금리' 정책을 펴고 있는 것이다.

코로나19로 극심한 피해를 입은 항공사에는 수십조 원에 달하는 정부 자금이 투입되고 있다. 미국은 델타항공 등 6개의 자국 항공사에 약 25조원을 지원했다. 독일은 루프트한자에 약 12조원을, 싱가포르는 싱가포르항공에 약 16조원을 투입하기로 결정했다. 우리 정부도 항공사 등 코로나19로 위기에 빠진 기업을 지원하기 위해 40조원 규모의 기간산업안정기금을 운용하고 있다. 천문학적인 지원 정책 없이는 나라 경제가 회복되기 어렵다고 판단한 것이다.

코로나19의 재앙에도 괄목할만한 성과를 내면서 우리 경제를 떠받친 기업들도 있다. 삼성전자·SK하이닉스 등이 대표적이다. 삼성전자는 코로나19 위기가

〈2021 경제 大예측〉주요 내용

세계 경제 어디로

바이든 정부 돌입, 미국 경제 성장 이어갈까?	YES	70%
산업 전환 숙제 안은 중국 5% 성장률 지킬까?	YES	80%
침체 빠진 유럽 경제, 반등할 수 있을까?	YES	60%
스가 내각 출범에 일본 경제 활력 되찾을까?	YES	80%
아세안 신흥국 경제 고성장 성공할까?	YES	70%

세계 경제 흔들 5대 변수 향방은

코로나19 사태, 진정될까?	YES	60%
미국의 '중국 때리기'는 계속될까?	YES	90%
이어지는 불확실성, 글로벌 양적완화 이어질까?	YES	70%
원화 강세 지속될까?	YES	70%
국제유가 더 떨어질까?	NO	80%

한국 경제 어디로

2%대 성장률 회복할까?	YES	80%
한국 수출 기저효과로 소폭 반등하나?	YES	70%
가계 부채 뇌관 터질까?	NO	95%

국내·외 산업 동향은

반도체 '수퍼사이클' 도래할까?	YES	60%
중후장대 침체 벗어날까?	YES	80%
비대면·헬스케어 주력 산업으로 부상할까?	YES	70%
배터리 산업 주도권 잡을까?	YES	60%

한창이던 2020년 2분기에 8조1463억원의 영업이익을 달성했다. 이는 시장 전망치를 무려 2조원 상회하는 수치다. 3분기에는 12조3532억원의 영업이익을 거둬 2018년 4분기(10조8000억원) 이후 7분기 만에 10조원 이상의 분기 영업이익을 기록했다. 미국 1위 이동통신사인 버라이즌(Verizon) 측과 5G(5세대 이동통신) 장비를 포함한 무선통신 솔루션 공급 계약을 체결하는 성과도 냈다. 계약 금액만 약 7조9000억원에 달하는 초대형 계약이다.

SK하이닉스 역시 2020년 2분기에 1조9467억원에 달하는 영업이익을 기록했다. 전년 2분기보다 205% 급증한 실적이다. SK하이닉스의 2019년 상반기 영업이익이 약 2조원이라는 점을 감안하면 2020년 2분기에만 2019년 상반기 영업이익에 버금가는 성과를 낸 것이다. 3분기를 기점으로 국내 기업들의 회복세도 뚜렷했다. 한국거래소와 한국상장회사협의회가 금융업 등을 제외한 12월 결산 코스피 상장사 590곳의 연결기준 재무제표를 분석한 결과, 2020년 3분기 이들 상장사의 영업이익은 전년 동기 대비 27.5% 증가한 것으로 집계됐다.

2020년 한국 경제는 전 세계 주요국과 비교하면 선방했다는 평가를 받는다. IMF는 지난 10월 세계 경제 전망 보고서에서 2020년 한국의 경제 성장률을 -1.9%로 전망했다. 이는 6월 전망치보다 0.2% 포인트 상향된 수치로, IMF 분류상의 선진국 39개국 가운데 세 번째로 높은 성장률이다. 경제협력개발기구 회원국(37개국) 중에서는 2위다. 각국의 주요 신용평가사들도 2020년 한국의 경제 성장률이 -1.0% 수준일 것으로 내다보고 있다. 아시아개발은행(ADB) -0.9%, 무디스 -0.8%, 스탠더드앤드푸어스(S&P) -0.9% 등이다.

코로나19로 우리 경제의 불확실성이 커지는 와중에 국내 부동산 가격마저 폭등하면서 서민들의 시름은 깊어졌다. 서울의 아파트 평균 매매가격이 10억원을 넘어서면서 빚 없이 집을 사지 못하는 현실이 이어졌다. 한국은행의 3분기 가계

신용 자료를 보면, 2020년 3분기 주택담보대출 잔액은 890조4000억원으로, 2분기 말보다 17조4000억원 증가했다. 이는 2016년 4분기 이후 최대 증가폭이다.

빚내서 투자 열풍에 가계 부채 폭증

주식 시장에 뛰어드는 개인투자자도 늘었다. 코로나19 위기로 외국인 투자자들이 앞다퉈 보유하고 있던 국내 기업 주식을 대거 팔아 치운 것과 대조적으로 국내 개인투자자들은 매수 러시를 이어갔다. 이 같은 현상을 두고 '동학개미운동'이라는 신조어도 등장했다. 외국인 투자자의 매도에 매수로 맞선 한국의 개인투자자들을 1894년에 일어난 반외세 운동인 '동학농민운동'에 비유한 것이다. 빚투 광풍에 2020년 3월 19일 1500선 아래로 떨어졌던 코스피지수는 11월 23일에 2600선을 돌파해 사상 최고 기록을 갈아치웠다. 같은 날 삼성전자 시가총액은 최초로 400조원을 넘어서기도 했다.

코로나19로 촉발된 경제 불확실성으로 부동산과 주식 투자에 뛰어드는 사람들이 늘면서 가계 대출은 사상 최대치를 기록했다. 2020년 3분기 말 가계신용 잔액은 1682조1000억원으로, 2분기 말보다 44조9000억원 증가했다. 가계신용은 은행이나 보험·대부업체 등 금융회사에서 빌린 돈(가계대출)과 결제 전 신용카드 사용액(판매신용) 등을 합한 수치다. 전년 같은 기간과 비교하면, 가계신용 증가율은 1분기 4.6%, 2분기 5.2%, 3분기 7.0% 등 지속 증가 추세다.

특히 2020년 3분기에만 기타대출이 22조1000억원 늘면서 주택담보대출 증가액(17조4000억원)을 넘어섰다. 대부분 신용대출인 기타대출 증가액이 주택담보대출 증가액보다 많은 것은 이례적인 현상이다. 코로나19로 생활자금 대출뿐만 아니라 주식자금 대출도 증가하면서 기타대출이 급증한 것으로 풀이된다. 개인투자자들이 2020년 3월부터 10월까지 유가증권시장에서 매수한 금액은 37조원에 달하며, 2020년 초 30조원 수준이던 투자자예탁금은 같은 해 11월 18일 65조원을 넘어섰다. 투자자가 주식 매수를 위해 증권사에 맡긴 돈이나 주식을 매도한 뒤 찾아가지 않은 돈을 합한 수치인 투자자예탁금은 언제든 증시에 투입될 수 있는 대기성 자금으로 분류된다.

본지는 2015년 〈경제 大예측〉을 첫 발간한 이후 세계 경제의 주요 관심사를 짧은 질문으로 던진 후 'YES or NO'와 확률로 대답해 가능성을 점쳐왔다. 또한 매년 제시한 전망을 실제 경제 상황과 비교해 이들 전망의 적중률을 평가해왔다. 다만 〈2021 경제 大예측〉에서는 2020년도 제시한 전망의 적중률을 따로 산정하지 않았다. 코로나19로 시작해 코로나19로 끝난 2020년 경제를 전년에 예측한 전망과 단순 비교하는 것은 무의미하다고 판단했다.

세계는 여전히 코로나19와의 전쟁을 이어가고 있지만, 1년간 이어졌던 코로나19의 그늘이 2021년에는 사라질 것이란 희망은 있다. 코로나19 백신 개발에 성공한 지금, 어쩌면 종전 선언만 남겨두고 있는지도 모른다. 물론 종전 선언 시기를 섣불리 예단할 순 없지만, 코로나19라는 길고 긴 터널의 끝을 향해 나아가고 있음은 분명해 보인다. 코로나19 이후의 세계 경제와 우리 경제는 어떤 길을 걷고 있을까. 한치 앞을 내다볼 수 없는 경제 환경 속에서 부디 이 책이 독자 여러분께 길잡이가 되길 기대한다. 大예측

CHAPTER

1

세계 경제 어디로

2021년 세계 경제는 코로나19 쇼크를 겪은 2020년보단 당연 나아지리라는 전망이 우세하다. 다만 시간이 꽤 걸릴 듯 하다. 중국은 미국의 견제를 피해 내수에 기대어 경제성장 목표를 5%로 잡았다. 유럽은 경기 부양과 저금리 기조로 반등을 구상 중이지만 실업률 증가가 걸림돌이다. 일본은 스가 내각 출범, 아베노믹스 완성, 올림픽 재개로 성장을 낙관하지만 아날로그 행정이 발목을 잡고 있다. 아세안 신흥국 경제는 성장률 5%대를 내다보고 있다. 단 외국인 투자가 다시 활발해진다는 전제조건 하에서다.

바이든 정부 돌입,
미국 경제 성장 이어갈까?

YES 70%   NO

조원경 울산 경제부시장

조 바이든 대통령 취임에 따라 미국 경제성장에 관심이 가는 것은 그만큼 한국이 미국에 의존하는 바가 크기 때문이다. 대중국 수출이 대미 수출을 훨씬 상회하고 있다. 그렇지만 중국을 거쳐 미국으로 이어지는 최종 소비재 수출까지 감안하면 여전히 미국 경제의 향방은 우리 경제에 미치는 영향이 크다.

한국의 대중국 수출은 최종재를 뺀 중간재 비중만 통관 기준으로 2019년 77.4%(1054억 달러)에 달했다. 중간재 중에서 현지 가공·조립 후 미국 시장으로 향하는 수출 비중은 5.0% 수준이다. 세계 경제에서 차지하는 비중이 가장 높은 미국으로의 수출 비중은 2020년 3분기까지 10.3%로 2019년 10.6%보다 줄었다. 2020년 3분기까지 중국으로 수출 비중은 30.4%로 2018년의 32.8보다 줄었다.

조 바이든 미국 대통령 당선인이 2020년 11월 23일(현지 시간) 델레웨어 윌밍턴에서 내각 인선을 발표했다.

AFP=연합뉴스

수출뿐만 아니라 주식 시장의 상관관계 등 우리 경제에서 미국이 미치는 영향력은 여전히 크다. 2021년 미국 경제의 V자형 경기회복은 가능할까?

2020년 미국 경제 2009년 이후 처음 하락세 기록

골이 깊으면 산이 높은 법이다. 신종 코로나바이러스 감염증(코로나 19)으로 인한 불황은 1년 이상 진행되지만, 이미 있었던 경기 회복은 전례보다 훨씬 더 V자형일 것으로 전망된다.

코로나19로 세계 경제가 골 깊은 마이너스 성장을 했다. 2020년은 주요국 중 중국만이 플러스(2%)를 겨우 유지해 체면치레했다. 2020년 10월 발간된 국

미국 소비자 신뢰지수

단위: %

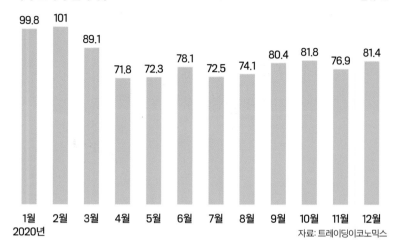

1월 99.8
2월 101
3월 89.1
4월 71.8
5월 72.3
6월 78.1
7월 72.5
8월 74.1
9월 80.4
10월 81.8
11월 76.9
12월 81.4

2020년

자료: 트레이딩이코노믹스

국제통화기금(IMF) 세계경제전망

단위: %

경제성장률	2019년	2020년			2021년		
		6월(A)	10월(B)	조정폭(B-A)	6월(C)	10월(D)	조정폭(D-C)
세계(교역량)	2.8 (1.0)	-5.2 (-11.9)	-4.4 (-10.4)	0.8 (1.5)	5.4 (8.0)	5.2 (8.3)	△0.2 (0.3)
미국	2.2	-8.0	-4.3	3.7	4.5	3.1	△1.4
유로존	1.3	-10.2	-8.3	1.9	6.0	5.2	△0.8
일본	0.7	-5.8	-5.3	0.5	2.4	2.3	△0.1
영국	1.5	-10.2	-9.8	0.4	6.3	5.9	△0.4
한국	2.0	-2.1	-1.9	0.2	3.0	2.9	△0.1
중국	6.1	1.0	1.9	0.9	8.2	8.2	0.0
인도	4.2	-4.5	-10.3	△5.8	6.0	8.8	2.8
러시아	1.3	-6.6	-4.1	2.5	4.1	2.8	△1.3

※2020년 10월

자료: 국제통화기금(IMF)

제통화기금(IMF)의 세계경제전망(WEO·World Economic Outlook)은 2021년 세계 경제성장률은 2020년 -4.4%에서 5.2%로 급반등할 것으로 예상한다. 세계 경제가 5%대나 성장하는 것은 2020년 경제가 코로나19로 역사적 침체를 기록한 데 따른 반작용이다.

미국경제를 돌아보면 참 극적이었다. 2020년 2분기 역대 최저치인 -31.4%(연율화의 개념으로 특정 기간의 증가율이나 감소율이 1년 동안 동일하게 지속한다고 가정할 때 나오는 수치)로 떨어진 후 3분기에 33.1%로 역대 최고치로 반등했다. 33.1%는 미국 경제의 2020년 3분기가 우리나라에서 말하듯 33.1% 성장했다는 개념이 아니다. 3분기와 동일한 수준으로 1년 동안 동일한 성장률이 지속하는 것으로 가정했을 때 성장률이 33.1%라는 의미다. 연율화를 하지 않았을 때 2020년 미국의 3분기 성장률은 전 분기 대비 7.4% 하락한 수준이다.

2020년 미국 경제는 2009년 이후 첫 하강 곡선을 그렸고 1946년 이후 최악의 하락을 기록했다. 전년 동기 대비로 IMF는 2020년 전년대비 -4.3%로 2009년의 -2.5%를 하회한다고 전망했다. 이는 1946년 -11.6% 이후 가장 낮은 성장률이다. IMF가 선진국 평균 성장률을 -5.2%로 전망하니 그나마 유럽에 비해보면 나은 수준이다. 2020년 4분기 미국 경제는 추가 재정부양책의 지연과 코로나19 재확산으로 경기회복이 둔화하였다. 실업률 증가, 소득 감소, 구매자 관리지수(PMI·제조업 분야 경기지표) 정점 논란, 백신 개발에 대한 지나친 낙관 경계로 2021년 1분기는 안심할 수 없을 것 같다. 여하튼 2021년 전체로는 미국 경제는 기저효과로 2020년에 비해 큰 반등을 할 것이다.

주요 경제 전망기관들은 2021년 세계 경제성장률을 5%대 초에서 후반까지 다양하게 예측하고 있다. 미국 경제만 놓고 볼 때는 3.1%(IMF, 10월), 컨센서스 (3.7%), 삼성증권(4.8%)에서 보듯 다양한 전망이 나온다.

미국 뉴욕증권거래소에서
트레이더가 거래하고 있는 모습.

미국에서 국내 총생산을 세부적으로 보면 대략 소비(65%), 투자(15%), 정부 지출(20%), 순수출입(0%)이다. 민간 부문 소비와 투자가 증가해야 성장이 견인되나 정부의 재정확대 정책으로 정부지출을 늘려 민간 부분의 구인 효과 (crowding-in)를 도모하는 것이 중요하다. 코로나19로 대규모 실업 충격이 지속할 수 있어 재정의 역할은 더욱 중요하다. 소비지출은 여전히 불확실한 변수로 2021년 1/4분기까지 소비 활동이 활발해질 것인가에 대해 우려감이 존재한다.

소비자신뢰지수(Consumer Confidence Index·CCI)는 가계금융·기업여건·고용·소득 등을 감안하여 경제 전망을 측정하는 지표이다. 2020년 코로나 19 대유행으로 CCI는 약 19.2% 감소한 것으로 추정된다. 기업 심리지수 혹은 기업 체감지수는 생산수준·재고수준·공급물량·고용수준을 파악해 기업환경의 전반적인 건전성을 말해준다. 코로나19로 2020년 기업체감지수는 8.4% 감소한 것으로 추정된다. 코로나 충격이 가장 집중되었던 2020년 2분기에 미국의 설비투자는 전분기 대비 -27.2%라는 기록적인 감소를 했다. 상업용 여객 출하, 자동차 판매 급감, 유가 급락에 따른 광업용 투자 위축 등에 기인했다. 이제 2021년 반등의 시점이 다가왔으나 그 시점은 여전히 불확실하다.

2020년 실업률 134% 급증

2021년에도 경기 불확실성이 상존하고 있어 소비자신뢰지수나 기업 체감 지수(BCI·Business Climate Index)의 의미 있는 큰 폭의 반등이 제약되는 상황이다. 백신과 치료제 개발로 바이러스가 억제됨에 따라 생산·소비·투자도 증가할 것이나, 이를 확실히 뒷받침하기 위해 2020년에 이어 2021년 이후에도 수년간 재정 확대정책을 지속해야 한다. 경기회복에도 불구하고 연방준비위원회(Fed)는 고용상황을 고려해 제로금리와 자산매입의 완화적 통화기조를 몇 년간 유지할 것이다.

코로나19 확산 억제를 위한 임시휴업과 생산량 감축으로 2020년 상반기에만 수천만 개의 일자리가 없어져 2020년 실업률이 134%로 급증했다. 2021년 초까지 이러한 추세는 계속될 수 있다. 완화적 재정 통화정책은 불가피한 선택이었고, 앞으로도 정부의 원활한 자금 조달과 명목금리의 급격한 상승을 제한할 필요가 있다. 이 과정에서 물가 목표 2%를 일정 수준 상회하는 인플레이션을 용인할 것으로 전망된다.

노동시장이 완전고용 수준(실업률 4.1%)으로 복귀할 때까지는 기준금리인상을 최대한 자제할 것이다. 지난 10년간은 경기정책에서 통화정책이 우선했다면 향후 10년간은 재정정책이 주도할 것이다.

2020년 글로벌 경제를 눌러왔던 두 가지 불확실성 사유 중 미국 대선 이슈는 소멸하였고 남은 것은 코로나19의 소멸이다. 우리는 바이러스 경제의 지속 가능성을 열어 두고 가야 한다. 부양정책의 지속과 불확실성의 완화로 장기 경기 전망에 대한 신뢰는 강화될 것이나, 단기적으로 지나친 기대감은 경계해야 한다. 2021년 전체적으로는 본격적인 재고 평가와 이에 따른 수요증대가 예상된다. 단기 부양책, 코로나19 백신 개발, 경제 재개에 대한 긍정적 전망으로 미국 경제를 새롭게 바라 볼 필요는 있다.

반등 요인과 시나리오

2021년 상반기에 코로나 19 백신이 많이 보급될 것으로 예상되나 경기회복에 시간이 걸리고 소비자 행태에 있어 불확실성은 여전할 것이다. 그래서 코로나 19 사태의 전개 추이가 2021년 미국 경제 성장에 가장 중요한 요인이다. 주요 기관은 미국 경제가 2021년 1분기에 7% 성장한다고 보았으나 최근 컨센서스는 3.7%에 그친다고 보고 있는데 그 이하 가능성을 열어두자. 어쩌면 1분기는 예상보다 안 좋을 수도 있다.

미국 경제는 2021년 2/4분기에는 코로나19 이전의 수준으로 회복될 전망이다. 추가 경기부양책은 이런 상황을 타개하는데, 어느 정도 기여할 것이나, 규모가 문제다.

코로나19 백신을 둘러싼 지속적인 기대감으로 고위험군에 대한 신속한 예방접종이 뒤따를 것이며, 더 많은 인구가 백신을 접종할 수 있다. 광범위한 예방접종은 미국이 더 빠른 속도로 경제를 재개하고 회복하는데 기여할 수 있지만, 백

한국의 미국·중국 수출액 변화

단위: 달러

■ 미국 ■ 중국

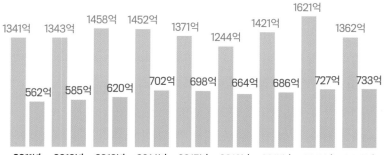

	2011년	2012년	2013년	2014년	2015년	2016년	2017년	2018년	2019년
미국	1341억	1343억	1458억	1452억	1371억	1244억	1421억	1621억	1362억
중국	562억	585억	620억	702억	698억	664억	686억	727억	733억

※통관되는 전 품목 대상 기준

자료: 통계청

> **"미국 경제는 2021년 2/4분기에는 코로나19 이전의 수준으로 회복될 전망이다. 추가 경기부양책은 이런 상황을 타개하는데 어느 정도 기여할 것이냐, 규모가 문제다."**

미국 오클랜드항의 컨테이너

AFP=연합뉴스

신에 대한 우려감도 상존한다. 화이자가 실험용 백신의 유효율이 90%에 달한다고 하자 주식시장은 급등했다. 그만큼 세계는 백신 출시를 기다리고 있고 이는 경제성장률에 직접적인 영향을 미친다. 투자은행 골드만삭스는 "만약 우리가 안전하고 효과적인 백신이 머지않아 도래하는 것이라면 경제는 곧 강력한 회복세로 돌아설 것"이라며 "통화 정책과 재정정책 지원이 가계 소득을 계속 부양한다면 빠른 반등이 이루어질 것으로 전망한다"고 했다.

백신 개발의 경제적 영향을 평가해 보자.

코로나의 충격을 크게 받을수록, 정부 부양책의 효과를 적게 받은 업종일수록 백신 개발의 상대적 효과가 크게 나타날 것이다. 제조업에 비해 크게 뒤처진 서비스 중 관광·레저·외식업종의 빠른 반등이 예상된다. 조 바이든은 도널드 트럼프에 비해 규칙에 근거한, 동맹국과의 공조에 기반한 정책을 추진할 것이다. 그가 중시하는 신뢰는 또 다른 중요한 생산요소로 금융시장의 변동성을 줄이고 불확실성을 완화하는 데 기여할 것이다. 전 세계 제조업을 중심으로 그간 지연되었던 재고와 설비투자 확대가 예상되고 미국 역시 그러할 것이나, 그 시점은 여전히 안개 속이다.

조 바이든 당선자 경제정책은?

조 바이든의 철학은 주요 20개국(G20)의 성장전략인 'SSBIG'와 일맥상통할 것이다. 여기서 G는 성장(Growth)이다.

우선, 코로나로 벌어진 생산(GDP)갭을 줄여 잠재성장률을 하회하지 않게 재정의 적극적 역할과 민간 활력을 높이는 임팩트가 강한(Strong) 정책을 추진할 것이다. 코로나19에 대한 구호패키지법은 그런 의미에서 중요하다. 조 바이든은 코로나19로 어려워진 대내외 여건하에서 성장·고용·분배 지표를 고루 생각하며 다양한 정책 조합을 강구할 것이다. 기업의 경쟁력을 저해하지 않는 선에서 국제적인 세금 제도도 마련해야 한다.

둘째, 중장기적 시야를 갖고 잠재성장률을 높이는 지속가능한(Sustainable) 정책을 추진할 것이다. 기후변화와 재생에너지에 대한 그의 애착을 보자. 그린 뉴딜과 관련해서 최초 달 참사 비용(현재 가치로 환산)의 두 배 수준(약 1조 7000억 달러)을 향후 10년간 투자할 것이라고 말했다. 글로벌 그린산업 주도권을 잡으려는 그의 야심은 미국의 지속가능한 성장을 이끌 것이다.

셋째, 대외적으로 균형 있는(Balanced) 정책을 기대해 본다. 만성적인 중국발 대외무역 불균형이 지속되는 가운데 미·중 갈등의 위협은 계속될 것이다. 중국에 대한 유화정책은 기대하기 어렵다. 다만, 정책의 예측 가능성은 전임보다 훨씬 나을 것이고 다자주의 부활도 점쳐진다.

넷째, 사회통합 및 중산층과 저소득층을 배려하기 위한 포용적(Inclusive) 정책을 심도 있게 추진할 것이다. 혁신으로 경제의 역동성을 확보하고 실업과 불평등 증가를 해소하기 위해 포용성을 증진하기 위해 노력할 것이다. 중소기업 지원 강화, 지역의 균형 발전을 위한 노후 인프라 교체, 이민정책 변화, 교육투자와 주거 지원 확대, 의료시스템 강화도 가능한 정책으로 열거되고 있다. 조 바이든 정책이 미국경제에 새로운 활력을 불어 넣길 바란다. 大예측

산업 전환 숙제 안은 중국
5% 성장률 지킬까?

YES 80%　　NO

이승호 중앙일보 차이나랩 기자

중국 공산당 중앙위원회, 중국 최고 권력기관이다. 2020년 10월 말 중앙위원회 제19기 제5차 전체회의(5중전회·五中全会)가 열렸다. 세계가 주목했다. 중국의 향후 5~15년간 경제 발전 방향을 정했기 때문이다. 14차 5개년 계획(14.5 규획·2021~2025년)과 2035년 장기발전 계획을 통해서다.

기존 회의와 달라진 게 있다. 숫자다. 14.5 규획이란 이름에서 알 수 있듯, 중국 공산당은 지금까지 5년간의 경제 발전 계획을 13번 정했다. 연평균 경제성장률 목표치도 매번 이때 공개했다. 12.5 규획에선 7%, 13.5 규획에선 '6.5% 이상'이었다. 이번엔 목표 숫자가 없었다.

이유는 이렇다. 중앙위원회는 5중전회 결과를 담은 회의자료(공보)에서 "세계는 100년 만의 대격변을 겪고 있다. 국제 환경이 갈수록 복잡해지고 불안정성과

2020년 11월 19일
아시아태평양경제협력체(APEC)
CEO 화상대화를 하고 있는
시진핑 중국 국가주석.

불확실성이 뚜렷이 커졌다"고 밝혔다.

5년 동안 연평균 경제성장 5% 목표

세계 환경이라 에둘러 말했지만, 미국의 경제 봉쇄와 신종 코로나바이러스 감염증(코로나19)을 뜻한다. 두 가지 난관 때문에 목표치를 숫자로 밝히지 않겠다고 한 것이었다.

공식적으로 그렇단 말이다. 비공식적으론 다르다. 특정 숫자가 자주 들린다. 중국 재정부 산하 싱크탱크인 재정과학연구원은 2020년 10월 중국재정정책 보고서에서 2021~2025년 중국의 국내총생산(GDP) 성장률이 5~6%라고 예상

5개년 규획의 중국 경제성장률 목표와 실제 달성 상황

규획	경제성장률 목표(연평균)	실제 경제성장률(연평균)
9차 5개년 계획(1996~2000)	8.0%	8.3%
10차 5개년 계획(2001~2005)	7.0%	9.5%
11차 5개년 계획(2006~2010)	7.5%	11.2%
12차 5개년 계획(2011~2015)	7.0%	7.8%
13차 5개년 계획(2016~2020)	6.5% 이상	5.9%(추정치)

자료: 중국 국가통계국·웨카이(粵開)증권연구원·대한무역투자진흥공사 베이징무역관

**"쌍순환, 말만 보면 수출 중심의 국제시장인
국제대순환과 내수 중심의 국내대순환이 상호 발전하라는 의미다.
하지만 방점은 국내대순환이다."**

2019년 중국 디지털 경제규모와 GDP 비중

■ 디지털경제규모 ◉ GDP 비중

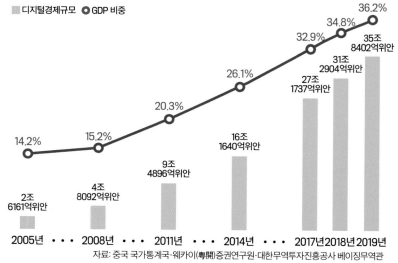

자료: 중국 국가통계국·웨카이(粵開)증권연구원·대한무역투자진흥공사 베이징무역관

했다. 베이징대 국가발전연구원도 같은 시기 연간 경제 성장률이 5.5%라고 전망했다. 중신(中信)증권은 4.5~5%를 제시했다. 노무라동방(野村東方)증권 등은 5.4%다. 모두 한 목소리를 내고 있다. 서로 짠 듯이.

중국 국책연구기관 인사의 개인 발언에서 짐작은 확신으로 바뀐다. 2020년 11월 17일 중국사회과학원 리쉐쑹(李雪松) 공업경제연구소 부소장은 "2021~2025년 간 중국의 잠재 성장률은 5~6%에 달할 것으로 보인다"며 "다만 당국이 코로나19 충격으로 커진 경기 변동 폭을 고려한다면 연간 성장률은 5% 정도로 하는 게 적정하다"고 말했다. 주바오량(祝寶良) 중국 국가정보센터 주임도 9월 "중국이 2035년까지 연평균 5%의 경제성장률을 지속할 것"이라고 말했다.

이쯤 되면 전망이 아닌 목표 수치로 봐도 무방할 듯하다. 국제 금융기관 모건 스탠리도 이런 기류를 반영해 최근 보고서에서 "중국 지도부가 2021~2025년 중국의 경제성장률 목표치를 5% 수준으로 정할 것"이라고 전망했다.

왜 5%일까. 이유가 있다. 11월 초 시진핑 중국 국가주석은 14.5 규획과 2035년 장기 발전 목표를 설명하는 자리에서 "2035년까지 총량 또는 1인당 GDP가 2019년의 두 배로 커지는 성장이 가능하다"고 말했다. 일본 경제지인 닛케이 아시안리뷰에 따르면 15년 안에 중국의 GDP가 2배로 늘어나기 위해선 평균 4.7% 이상의 연간 성장률이 필요하다.

국내대순환 뜻하는 '쌍순환' 전략 펼칠 듯

또 중국 공산당은 5중전회에서 2035년 장기 발전 목표로 중국의 1인당 GDP를 중도중진국(중등발달국가) 수준으로 만들겠다고 했다. 김성애 대한무역투자진흥공사(KOTRA) 베이징무역관 연구원은 보고서에서 "지난해 기준 1인당 GDP가 세계은행은 2만3000달러, 국제통화기금(IMF)는 3만2000달러 수준을 중등발달국가로 분류한다"며 "(중국에선) 2035년 1인당 GDP가 중도 중진국 수준에 도달하려면 15년간 경제성장률을 5%대로 유지해야 한다는 관측이 지배적"이라고 말했다. 중신증권은 2035년까지 연평균 5% 성장률을 유지하면 중국의 1인당 GDP가 약 2만2000달러가 될 것으로 전망한다. 언표(言表)만 안 했을 뿐. 중국이 생각하는 경제성장률 목표치는 최소 5%라고 봐야 하는 이유다.

5% 성장을 이루기 위한 중국의 전략은 뭘까. 첫째가 쌍순환(雙循環)이다. 지난 5월 시진핑 중국 국가주석이 정치국 상무위원회에서 처음 언급했다. 이번 5중전회에서 경제 발전 전략으로 공식 확정했다.

쌍순환, 말만 보면 수출 중심의 국제시장인 국제대순환과 내수 중심의 국내 대순환이 상호 발전하라는 의미다. 하지만 방점은 국내대순환이다. 시 주석은 쌍순환을 "세계 최대 규모인 (중국)시장의 내수 잠재력을 살려 국내와 국제 경제가 서로를 촉진하는 새로운 발전 구조"라고 정의한다. 2020년 11월 3일 중앙위원회가 14.5 규획을 이루기 위해 내놓은 방안인 건의안에서도 "내수 확대라는 전략적 기반에 완전한 내수 시스템의 육성을 가속화하고 혁신 중심의 고품질 공급으로 새로운 수요를 주도하고 창출해야 한다"는 내용이 담겼다.

두 번째 전략은 기술 자립이다. 중앙위원회는 5중전회 폐막 후 내놓은 회의자료(공보)에서 "과학 자립과 자강을 국가발전 전략으로 삼고, 세계 경제 전쟁터에서 혁신성을 보완해 과학기술 강국 건설을 가속화할 것"이라고 강조했다. 제조강국·품질강국·인터넷강국·디지털강국 등 4대 강국을 건설하자는 목표도 제시했다.

2020년 10월 30일
중국공산당 중앙위원회가 19기
중앙위원회 5차 전체회의 관련
기자간담회를 열고 14차 5개년
계획 등에 대한 질의응답을
진행하고 있다.

中共中央新闻发布会
Press Conference of the Central Committee of the CPC

쌍순환과 기술자립은 연동되는 개념이다. 쌍순환을 하는 이유가 기술 자립을 위해서고, 기술 자립이 안 되면 장기적으로 쌍순환은 어렵다.

왜 그런가. 중국은 이중의 부담을 안고 있다. 코로나19로 교역이 위축됐다. 또한 미국이 첨단 기술 제재에 나서고 있다. 이로 인해 국제 가치 사슬(GVC·Global Value Chain)이라는 국제공급망에 몸을 맡겨 커 온 중국의 '수출주도형 성장' 공식에 균열이 생겼다. 중앙위원회가 5중전회 폐막에서 "국제 환경이 갈수록 복잡해지고 불안정성과 불확실성이 뚜렷이 커졌다"고 밝힌 건 이를 에둘러 표현한 것이다.

해결책으로 중국이 내세운 건 '장기 농성전(籠城戰·문을 굳게 닫고 성을 지키는 전투)'이다. 중국 지도부의 생각을 풀어보면 이렇다. GVC가 뜻대로 안 되

2021~2035년 중국 경제성장률 추정

2019년 1인당 GDP	2020년 1인당 GDP	구분	2021년 1인당 GDP	22~25년 연평균 성장률	26~30년 연평균 성장률	31~35년 연평균 성장률	2035년 1인당 GDP
1만 262 달러	1만 478 달러	선방	1만 1410 달러	5.2%	4.9%	4.2%	2만 1805 달러
		기본		5.0%	4.6%	3.9%	2만 1006 달러
		고전		4.7%	4.3%	3.6%	2만 177 달러

자료: 중국 중신증권·대한무역투자진흥공사 베이징무역관

"2020년 5월 시진핑 중국 국가주석이 정치국 상무위원회에서
5% 성장 전략으로 쌍순환을 처음 언급했다.
이번 5중 전회에서 경제 발전 전략으로 공식 확정됐다."

2018년 징둥닷컴이 중국 톈진에 선보인 미래형 레스토랑 'X카페'에서 서빙 로봇이 음식을 나르고 있다.

면 '중국판 GVC'를 만들자. 1978년 개혁개방 후 성장한 국내 시장의 질과 자본 규모는 이제 해외 못지않다. 중국인이 해외로 쓰던 돈을 국내로 돌리고, 국산 기업의 제품 부가가치를 더 높이자. 국내 순환만으로도 국제시장 못지않게 돈을 벌 수 있다. 이를 통해 코로나19와 미국 제재의 파고를 견딘 뒤 기술력을 키워 추후 해외시장으로 나가자.

'장기 농성전'이 쌍순환의 요체

요게 쌍순환의 요체다. 시진핑 주석은 이미 2020년 5월 "국내 시장의 우위를 이용해 국제 시장의 위험을 없애는 것"이라고 쌍순환을 정의했다. 사실상 '자력 갱생' 버티기다. 그런데 불완전하다. 기술적으로 완전한 자립이 안돼 있기 때문이다. 그래서 필요한 것이 '중국제조 2025(2025년까지 10대 핵심 산업의 부품·소재 국산화율을 70%까지 끌어올리는 것)'로 요약되는 기술 자립이다.

쌍순환과 기술자립을 위해 중국은 어떤 분야를 키울까. 역시 2020년 11월 3일 중앙위원회가 내놓은 '14.5규획 건의안'에서 짐작할 수 있다. 대한무역투자진흥공사(KOTRA) 베이징무역관에 따르면 건의안에서 중국 정부가 주목한 분야는 4가지다.

우선 디지털 경제다. 중국 정부는 코로나19 와중에 '디지털 경제 가속화'를 강조했다. 중국 디지털경제 규모는 2019년 35조8000억 위안으로 지난 4년간 (2016~2019년) 연평균 12.1% 성장했다. 전체 GDP에서 36.2%를 차지한다. 중국은 이커머스 등에서 세계에서 가장 앞서 있다는 평가를 받는다. 세계 디지털 수출입 시장에서 중국은 각각 21.7%, 14.2%로 가장 비중이 크다. 중국 정부는 실물경제와 디지털을 더 결합해 시장을 키우려 한다. 5세대 이동통신(5G) 인공

지능(AI) 등 7대 분야를 중심으로 한 '신 SOC(인프라)' 투자에 나서는 이유다.

두 번째는 녹색성장이다. 이건 시 주석이 직접 천명한 분야다. 그는 2020년 9월 유엔총회 화상 연설과 이어 11월 G20 정상회의에서 2060년까지 탄소 배출 제로를 달성하겠다고 밝혔다. 정부 차원의 적극적인 투자가 이뤄질 전망이다. 김 연구원은 "전 세계 석탄 생산량의 52%를 쓰는 중국이 탄소 중립 달성을 위해선 5조 달러 이상이 필요할 것"이라고 예측했다. 저탄소 생산, 스마트 배송, 신 에너지 차 등이 급성장할 수 있다.

세 번째로 의료·바이오 산업이다. 코로나19 이후 중국에서 화두가 된 분야다. 고령사회로 진입하는 만큼 실버 산업도 급성장할 분야다. 마지막은 비대면(언택트) 산업이다. 언택트 비즈니스 발전과 더불어 관련 전자제품(노트북·태블릿PC 등)과 관련 부품(반도체·액정패널 등) 시장도 활성화될 것이다.

중국의 전략엔 한계도 분명하다. 먼저 기술 자립을 이루기 쉽지 않다. 중국산 제품이라도 속은 해외 부품·기술이 들어간 게 너무 많다. 핵심 첨단 기술인 반도체 자급률은 20%에도 못 미친다. 쌍순환과 자립을 내세우지만, 중국이 미국의 공세가 불안한 이유다. 미국이 더 '센' 기술 제재를 하면 꼼짝 못 할 수 있다. 당장 국제 공조를 통해 미국이 제재하더라도 버틸 수 있어야 한다. 이를 통해 기술 자립을 할 시간을 벌 필요가 있다.

중국 거대 내수시장이 무기

시진핑 주석이 11월 19일 아시아태평양경제협력체(APEC)에서 한 발언도 이런 맥락에서 봐야 한다. 시 주석은 이날 화상회의 연설에서 쌍순환에 대한 오해를 푸는 데 많은 시간을 할애했다. 그는 "우리가 구축하는 새로운 구도는 절대 폐쇄적인 국내 단순환이 아니며 개방적이고 서로 촉진하는 국내·국제 '쌍순환'"이라고 말했다. 그러면서 "인류는 일방주의, 보호주의, 바링(覇凌·따돌림) 행위 상승 등으로 세계 경제에 리스크와 불확실성이 격화되고 있다"며 "중국이 국제 산업사슬과 공급 사슬, 가치 사슬에 더 효과적으로 융합할 것"이라고 덧붙였다. 따돌림 행위를 하는 국가(미국)와 달리 중국과 함께 GVC를 구축하자는 메시지다.

국가부채 역시 무시 못 한다. 2020년 11월 22일 마이클 페티스 베이징대 교수는 파이낸셜타임스(FT)에 칼럼을 썼다. 그의 생각은 이렇다. 중국은 일본·브라질처럼 인프라 투자를 통해 경제를 성장시키는 전략을 썼다. 이는 막대한 부채를 발생시킨다. 발전기엔 커지는 GDP로 부채를 감당하지만, 나중엔 그게 힘들다. 중국보다 이 모델을 먼저 쓴 나라들은 부채에 허덕이다 성장이 정체했다. 만일 중국이 목표한 대로 2035년까지 GDP가 2배로 성장하려면 부채비율은 현재 GDP 대비 280%에서 400%까지 늘어야 한다. 역사상 유례가 없는 수치다.

물론 중국은 거대 내수 시장이 있다. 이를 통해 부채를 줄일 수도 있다. 그러려면 GDP 대비 50% 수준인 내수를 70%까지 높여야 한다. 고령 사회에 진입하는 중국이다. 2035년까지 생산성은 하락할 것이다. 쉽지 않다.

중국 경제는 구조적 문제를 해결할 수 있을까. 그래서 그들이 꿈꾸는 2035년 '사회주의 현대국가'로 환골탈태할 수 있을까.

페티스 교수는 이렇게 결론 짓는다. "2035년 GDP 2배 성장은 이론적으론 가능하다. 하지만 막대한 부채를 감당할 만한 획기적인 신규 성장엔진을 발견하는 게 전제조건이다. 그게 아니면 불가능하다. 大韓

침체 빠진 유럽 경제,
반등할 수 있을까?

YES 60%   NO

허정연 기자

유럽의 신종 코로나바이러스 감염증(코로나19) 누적 확진자가 2020년 11월 20일 기준 1150만명을 넘은 가운데 주요국에서 연일 1만~3만명의 확진자가 발생하고 있다. 유럽질병예방통제센터(ECDC)에 따르면 프랑스가 이 기간 누적 확진자 수 208만6288명으로, 하루 동안 2만1150명 늘며 유럽에서 가장 많은 규모를 유지했다. 전 세계에서는 미국·인도·브라질에 이어 네 번째다. 이어 스페인(154만1574명)·영국(145만3256명)·이탈리아(130만8528명)·독일(87만9564명) 순이다.

유례없는 전염병 대유행(팬데믹)은 유럽 경제에도 큰 타격을 입혔다. 누적 확진자 수가 가장 많이 나온 프랑스는 코로나19의 여파로 2020년 1분기 국내총생산(GDP)은 전기 대비 -6%을 기록했다. 이는 장기 파업으로 사회 시스템이

1차 봉쇄령이 시행된 2020년 4월 프랑스 개선문 앞 샹젤리제 거리가 한산한 모습이다.

마비됐던 1968년 2분기 성장률(-5.3%)보다 낮은 수치로, 제2차 세계대전 종전 후 최악의 성적표라는 게 현지 언론의 반응이다. 2020년 2분기는 더욱 심각했다. 무려 -13.8%를 기록했다.

프랑스는 3분기 연속 마이너스 성장을 기록하며 본격적인 경기 침체에 진입했다. 2019년 4분기 성장률은 -0.1%였다. 경기 침체에 코로나19 사태까지 겹치자 관광대국인 프랑스의 건설·교통·숙박업 등이 직격탄을 맞았다. 프랑스 중앙은행에 따르면 이동제한령 등이 2주간 이어질 때마다 경제 규모가 1.5%씩 축소됐다.

다른 유럽 국가도 사정은 비슷하다. 유럽 내 코로나19 확산과 이에 따른 봉쇄조치로 유로 지역의 2020년 1·2분기 성장률은 전기 대비 각각 -3.7%와 -11.8%를 기록했다. 유로 지역은 2019년 이미 독일의 수출 부진과 주요국의 신

유럽 주요국의 전년대비 2020년 및 2021년 경제성장률 전망

단위: %

구분	KIEP (2020년 10월)		OECD (2020년 9월)		IMF (2020년10월)		Oxford Economics (2020년 10월)	
	2020	2021	2020	2021	2020	2021	2020	2021
유로 지역	-10.0	3.7	-11.5	3.5	-8.3	5.2	-7.5	5.5
독일	-8.1	2.7	-8.8	1.7	-6.0	4.2	-5.3	4.8
프랑스	-12.3	4.8	-14.1	5.2	-9.8	6.0	-9.0	6.8
이탈리아	-12.0	4.9	-14.0	5.3	-10.6	5.2	-9.8	6.0
스페인	-14.5	4.8	-14.4	5.0	-12.8	7.2	-11.8	6.2
영국	-12.8	4.5	-14.0	5.0	-9.8	5.9	-10.3	6.7

자료: 대외경제정책연구원(KIEP)

> "유럽 주요국은 2020년 11월 기준 코로나19 봉쇄조치를
> 재차 강화했다. 그러나 1차 확산기에 비하면
> 다소 완화된 수준이다. 연이은 2분기에 받아 든 최악의 경제
> 성적표가 한몫 한 것으로 풀이된다."

유럽 주요국 및 유로 지역의 전기대비 경제성장률 추이

단위: %

구분	2018년				2019년				2020년		
	1분기	2분기	3분기	4분기	1분기	2분기	3분기	4분기	1분기	2분기	3분기
유로 지역	0.2	0.3	0.1	0.5	0.5	0.1	0.3	0.1	-3.7	-11.8	12.7
독일	-0.2	0.5	-0.3	0.3	0.6	-0.5	0.3	0	-2.0	-9.7	8.2
프랑스	0.1	0.2	0.4	0.7	0.5	0.2	0.2	-0.2	-5.9	-13.8	18.2
아틸리아	0	0.1	-0.1	0.2	0.2	0.1	0	-0.2	-5.5	-13.0	16.1
스페인	0.5	0.5	0.6	0.6	0.5	0.4	0.4	0.4	-5.2	-17.8	16.7
영국	0.1	0.4	0.6	0.2	0.5	0	0.3	0.1	-2.5	-19.8	

자료: Eurostat

규 투자 감소 등의 영향으로 1%대 성장세를 유지하고 있었다. 프랑스와 마찬가지로 코로나19 영향으로 인해 독일(-9.7%)·이탈리아(-13.0%)·스페인(-17.8%) 등이 2020년 3분기 모두 마이너스 성장률을 보였다. 특히 유럽연합(EU)과의 브렉시트(Brexit·영국의 유럽연합 탈퇴) 합의를 통해 2020년 1월 말 EU 회원국에서 탈퇴한 영국은 같은 기간 -19.8%의 성장률을 기록했다.

누적 환자수 최대 프랑스, 경제도 직격탄

유럽 주요국은 2020년 11월 기준 코로나19 3차 유행에 대응해 이동 제한, 영업 중단 등 봉쇄조치를 재차 강화했다. 그러나 1차 확산기에 비하면 다소 완화된 수준이다. 지난 3월 이뤄진 1차 봉쇄와 달리 보육시설과 학교·공장·공공서비스 등은 폐쇄하지 않았다. 전 세계 봉쇄정책의 강도를 보여주는 엄격성 지수의 추이도 1차 확산기와 달리 3차 확산기에는 급등하는 경향을 보이지 않았다. 유럽이 봉쇄정책의 강도를 1차 확산기 수준으로 강화하지 않는 것은 연이은 2분기에 받아 든 최악의 경제 성적표가 한몫 한 것으로 풀이된다.

봉쇄조치 완화의 효과는 바로 나타났다. EU 27개국의 2020년 3분기 경제 성장률이 역대 최고치로 반등한 것이다. EU 통계기구인 유로스타트에 따르면 EU 27개 회원국 전체의 GDP는 전기 대비 12.1% 증가한 것으로 나타났다. 앞서 2분기 성장률이 -11.4%로 고꾸라진 이후 반등한 것이다. 지난 1995년 통계 작성 이래 가장 큰 폭의 성장이다. 이는 3분기에 봉쇄 조치를 속속 해제하면서 경제 활동을 다시 시작했기 때문으로 풀이된다.

같은 기간에 유로화를 사용하는 유로존 19개국의 성장률은 12.7%(전기 대비)로 집계됐다. 2분기(-11.8%) 침체 후 한 분기 만에 뛰어올랐다. 회원국별로 보면 프랑스가 18.2% 성장하며 가장 큰 폭으로 반등했다. 스페인(16.7%)·이탈리아 (16.1%)·포르투갈(13.2%) 등이 뒤를 이었다.

다만 이는 기저효과 때문으로 V자형 회복으로 보는 것은 무리가 있어 보인다. 지난해 3분기와 비교한 EU의 GDP 규모는 3.9% 감소했기 때문이다. 유로존의 경우 -4.3%를 기록했다. 코로나19 이전보다 여전히 경제가 위축돼 있다는 뜻이다. 특히 4분기 들어서는 독일·프랑스 등 주요국들이 다시 봉쇄에 나서면서 경기 침체가 심화할 것이라는 우려가 나온다.

봉쇄 완화로 반등에 성공 회복속도 가속 전망

그럼에도 코로나19 사태 이후 유럽 경제 회복 속도는 2008년 금융위기 직후보다 3배가량 빠를 것이라는 낙관적인 전망이 나온다. 세계적인 투자은행 모건스탠리는 코로나19의 2차 파동과 이에 따른 봉쇄·규제 조치로 유럽이 어려움을 겪고 있지만 2021년에는 경기가 강하게 반등할 것이라고 내다봤다.

이는 코로나19 백신의 효과가 광범위하게 확산된다는 전제하에 억제된 소비 수요와 높은 저축 수준이 반등을 이끌 것이라는 시각이다. 각국의 지속적인 재정·통화 부양 정책이 빠른 속도로 진행 중인 것도 고무적이다.

경기 부양을 위해 유럽중앙은행(ECB)은 기준금리를 현행 0%로 유지하고, 예금금리와 한계대출금리 역시 각각 -0.50%와 0.25%로 유지할 계획이다. ECB는 지난 10월 인플레이션이 목표치인 2%에 충분히 근접한 수준에 수렴할 때까지 금리를 현행으로 유지하거나 추가로 낮출 것을 시사했다.

ECB는 또한 코로나19 확산 사태로 인한 경제적 충격에 대응하기 위해 도입한 1조3500억 유로 규모의 팬데믹긴급매입프로그램(PEPP)을 계획대로 계속

크리스틴 라가르드
유럽중앙은행(ECB) 총재.

집행하기로 했다. ECB는 PEPP를 통해 신용등급이 낮아 기존 매입 대상에서 제외됐던 그리스 국채뿐 아니라 비금융 기업이 발행한 기업어음(CP)도 사들인다. ECB는 PEPP 기간을 코로나19 위기가 끝나야 종결하고 PEPP로 매입한 채권의 만기 자금은 2022년 말까지 재투자하겠다는 계획이다.

이 같은 호조세에 모건스탠리는 EU의 지원정책이 폭발적인 경기 확장으로 이어져 경기 회복 속도가 2008년 세계 금융위기 이후보다 3배가량 빠를 것이라는 입장을 내놨다. 다른 전문가들도 모건스탠리와 비슷한 시각을 보인다. 스위스 투자은행 UBS의 유로존 책임자인 딘 터너는 "통제 조치들이 완화된 후 강력한 반등을 기대해도 된다"며 "2021년 유로존 GDP는 5.2% 가량 성장할 것"이라고 전망했다.

유로존 최대인 독일 경제는 2020년 3분기 사상 최고인 8.2% 성장을 기록했다. 독일의 GDP는 코로나19 확산 상황이 심각했던 2020년 2분기에 10.1% 감소했다가 3분기에 반등해 8.2% 증가했다. 독일 중앙은행인 분데스방크는 2020년 11월 한 달간 독일에서 시행 중인 코로나19에 대한 통제 조치 강화로 경기 회복세가 일시적으로 정체되거나 후퇴할 수 있다고 전망했다. 독일 거시경제정책연구소(IMK)도 독일 경제가 향후 3개월 동안 경기침체에 들어갈 위험성이 높아졌다고 전망했다. 독일 경제가 11~1월에 경기 침체에 들어갈 확률을 보여주는 지수는 10월 12.6%에서 17.7%로 올랐다.

유럽중앙은행, 팬데믹 대응 공동자금 조성 수혈

그런데도 두 기관 모두 경기 침체 위험성이 크지 않으며 장기화할 가능성이 작을 것으로 내다봤다. 분데스방크는 "코로나19에 대응하느라 급격히 증가하는 재정적자가 코로나19 위기가 사라지면 개선될 것"이라며 "2021년엔 적자가 다소 감소하고, 2022년에 뚜렷이 줄어들 것"이라고 예측했다. 독일 당국은 통제조치에 따라 피해를 보는 계층에 재정 지원을 하고 있고, 기업의 노동자 해고를 막기 위해 단축 근무에 따른 임금을 보조하고 있다.

프랑스도 경기 회복을 위해 앞으로 2년간 1000억 유로(한화 약 140조원)를 투입한다. 프랑스 정부는 2020년 9월, 향후 2년에 걸쳐 70개 분야에 프랑스 GDP의 4%에 달하는 예산을 투입하는 경기부양책을 발표했다. 'France Relaunch(프랑스 재개)'라고 명명한 이번 부양책은 대통령 선거가 치러지는 2022년까지 GDP를 2019년 수준으로 회복하는 것을 목표로 삼고 있다. 재원은 EU가 지원하는 경제회복기금에서 400억 유로(한화 약 56조원)를 가져오고,

유로존의 실업률과 청년실업률

■ 전체(2020년 9월) ■ 청년(2020년 9월)

| | 유로존 | 독일 | 아일랜드 | 스페인 | 프랑스 | 이탈리아 | 오스트리아 | 스웨덴 |

자료: Eurostat

2020년 12월, 스페인 바르셀로나의 한 병원 앞에서 신종 코로나바이러스 감염증(코로나19) 검사를 받으려는 사람들이 줄을 서 있다.

나머지는 새로운 국고채를 발행해 충당할 계획이다.

이 돈은 기업 지원(350억 유로), 일자리 창출 등 사회적 지원(350억 유로), 친환경 에너지 전환사업 지원(300억 유로) 등에 배정했다. 이로 인해 프랑스 기업이 앞으로 2년간 받게 될 감세 혜택만 100억 유로(한화 약 14조원)에 달한다. 청년 50만명의 취업을 보장할 수 있도록 기업을 지원하는 사업에도 67억 유로(한화 약 9조4000억원)를 투입하기로 했다. 장 카스텍스 프랑스 총리는 "실업과 싸우는 것이 이번 계획의 최우선 목표"라며 "2021년까지 신규 일자리 16만개를 창출할 것"이라고 말했다. 프랑스 정부는 코로나19 대유행과 맞물려 올해 GDP가 작년보다 11% 위축될 것으로 전망하고 있다.

각국 고용유지정책 주력 실업률 소폭 상승에 그칠 듯

EU 차원의 '유럽 살리기' 지원도 계속된다. 앞서 EU는 코로나19로 휘청거리는 회원국을 지원하기 위한 경제회복기금으로 7500억 유로(한화 약 1022조원)를 마련했다. 스페인과 이탈리아가 각각 1400억 유로(한화 약 191조원), 2090억 유로(한화 약 285조원)로 가장 많은 지원금을 받아 간다. 스페인 정부는 EU가 6년에 걸쳐 스페인에 지급하는 경제회복기금 가운데 절반가량(720억 유로)을 일자리 창출에 쓸 계획이다. 새로운 일자리 80만개를 만들겠다는 목표다.

스페인이 이처럼 일자리 정책에 집중하는 까닭은 그간 심각했던 청년실업률 문제가 극에 달했기 때문이다. 특히 스페인의 청년실업률은 2019년 30.3%(12월 기준)에서 2020년 8월 43.9%로 급증했다. 이는 유로존 국가 중에 가장 심각한 수준이다. 대부분의 국가에서 청년실업률 증가 폭이 전체 실업률보다 커서 코로나19가 청년층 일자리 문제에 더욱 큰 영향을 미치는 것으로 관측된다. 스페인 정부가 2020년 5월에 2020년 경제성장률 전망치를 -9.2%로 제시했었으나 11월에는 -12.6%로 수정한 데는 높은 실업률 문제가 영향을 미친 바가 크다. 현재로써는 스페인의 실업률이 최소 2년간 20%대를 머물 것이라는 관측이다.

스페인 외에도 2019년 말까지 완만한 하락세를 보인 유로 지역의 실업률은 코로나19로 인해 다시 상승하기 시작했다. 그러나 각국의 고용유지정책으로 실업 증가 폭은 크지 않은 상황이다. 2020년 8월 기준 유로 지역의 실업률은 8.1%로, 2020년 3월의 7.2% 대비 0.9%포인트 상승했다. 같은 기간 독일의 실업률은 4.4%로 상승했으며, 프랑스(7.5%)·이탈리아(9.7%)·스페인(16.2%) 또한 코로나19 사태 전보다 소폭 상승하는 데 그쳤다. 영국의 실업률 역시 2020년 6월 기준 3.9%로 현재까지 안정적으로 유지되고 있다.

코로나19 사태 전부터 침체에 빠진 유럽 경제가 코로나19 쇼크로 바닥을 친 것은 자명해 보인다. 2020년 3분기 '깜짝 반등'에 성공한 것도 기저효과가 컸다. 그러나 EU 경제회복기금 지원을 비롯해 각국 역시 적극적으로 경기 부양책을 펼치고 있어 이제 유럽은 바닥을 딛고 뛰어오를 일만 남은 듯하다. 大

스가 내각 출범에
일본 경제 활력 되찾을까?

YES 80%　NO

이지평 LG경제연구원 상근자문위원

　신종 코로나바이러스 감염증(코로나19) 쇼크로 일본 경제가 충격에 휩싸인 와중에 2012년 말부터 장기 집권해 왔던 아베 총리가 퇴진하고 스가 내각이 출범함으로써 그의 정책 수완이 시험대에 오르고 있다. 2021년 10월 21일에는 일본 중의원 의원의 임기가 만료되기 때문에 그 이전에 스가 내각으로서는 경제 정책에서 구체적인 성과를 거두고 국회를 해산해 선거에 임해야 할 입장에 놓여 있다.

　스가 내각은 아베 내각을 계승한다고는 하지만 사실, 아베노믹스의 3가지 화살 중에서 미진했던 성장전략을 강화하는 데에 주력할 것으로 보인다. 아베 내각에서는 매년 구호 중심의 성장전략이 바뀌면서 착실한 실행에 한계가 있었던 것이 사실이다. 스가 총리의 경우 몇 가지라도 착실하게 정책적인 성과를 거두는

스가 내각은 아베
전 총리의 정책을
계승하는 한편, 디지털
경제의 확대를 지향할
것으로 보인다.

중앙포토

데 집중할 것으로 보인다. 이를 위해 스가 총리는 각 부처 장관에게 과제를 제시
하면서 규제개혁, 디지털화, 그린 이노베이션 등의 큰 정책 방향에서 실질적인 성
과를 거두도록 유도하고 있다고 할 수 있다.

물론, 일본 경제는 2021년에도 코로나19 쇼크로 경제 회복이 부진해 기업이
나 가계의 심리가 크게 호전되기는 어려울 것으로 보여 스가 내각으로서는 코로
나19 대책을 전개하면서 일본 경기의 회복을 모색해야 할 입장에 놓여 있다. 일
본 경제는 2019년 4분기부터 2020년 2분기까지 3분기 연속으로 마이너스 성
장에 빠졌으며, 특히 코로나19 쇼크로 인해 2020년 2분기 성장률은 전분기대비
연률 기준으로 무려 -28.8%(3차 발표치)라는 마이너스 성장에 그쳤다.

2020년 3분기에는 일본 경제가 플러스 성장을 회복해 21.4%(1차 속보치)의

성장률을 기록할 수 있었지만, 이러한 고성장은 2020년 2분기의 큰 폭의 마이너스 성장을 만회하는 반등이라고 할 수 있다. 사실 기업 설비투자의 경우 2020년 3분기에도 전분기 대비 -3.4%에 그쳤으며, 기업수익 악화와 고용 부진이라는 악순환이 지속하고 있다.

3분기 성장을 견인한 개인소비의 경우 일본 정부의 생활지원금 지급이나 정부가 여행·외식·이벤트 소비의 진작책으로서 해당 소비 지출의 일부를 보조하는 고투(Go To) 캠페인 정책 등에 힘입어서 반등했다고 할 수 있다. 이와 함께 2020년 3분기에는 미주·유럽 각국에서도 코로나19가 다소 소강상태를 보이면서 경기가 회복해 일본의 미주·유럽 각국에 대한 자동차 등의 수출이 급증해 성장회복세에 도움을 주었다고 할 수 있다.

거듭되는 코로나19 충격, 일본 경기 회복 불안정

그러나 11월 들어서 미주·유럽 각국에서 코로나19의 재확산과 함께 일본에서도 3차 감염 확산기를 맞이해 일본 정부가 Go To 캠페인 정책을 일부 정지했다. 이에 따른 소비와 수출의 둔화가 예상돼 일본 경제는 2020년 4분기에서 2021년 1분기에 둔화할 가능성이 높은 상황이다.

다만, 이미 코로나19 방역체제가 일정하게 정착되고 있는 가운데 백신 개발과 접종에 대한 기대가 높아지고 있어서 2020년 2분기와 같은 극심한 소비 소멸과 이에 따른 급격한 마이너스 성장이 되풀이될 가능성은 작을 것으로 보인다. 일본 소비자들이 다시 극심한 공포감에 휩싸일 가능성은 높지 않아 비대면 소비와 함께 적절한 개인 방역을 하면서 소비를 어느 정도 유지하는 패턴을 보일 가능성이 높다.

일본 정부는 2020년 2분기에 사업 규모 117조엔, 정부예산 48조4000억엔의 대규모 경제대책을 결정한 데 이어 스가 내각도 이 보다는 작은 규모지만 10조엔을 넘는 예산 규모의 추가 경제대책을 실시해 경기 추락을 억제할 것으로 보인다. 일본의 주요 연구기관 소속 전문가 34명의 2020년 11월 예측 조사(일본경제연구센터 집계, ESP Forecast, 2020.11.11)에 따르면 2020년 4분기 일본 경제 성장률은 전분기 대비 연률로 4.04%, 2021년 1분기 2.46%로 계속 둔화하지만 플러스 성장세는 유지할 것으로 전망됐다.

2020년 11월 이후 일본의 코로나19 제3차 유행의 경우 당초 우려된 바와 같은 유행성 독감과의 동시 감염 확산 현상은 일어나지 않고 있으며, 코로나19의 감염 전파력이 커진 것으로 보이지만 치명률은 다소 떨어지는 경향을 보인다.

이와 함께 항체의약품의 실용화가 임박하는 등 치료법의 지속적인 개선이 진행되고 있어서 백신 개발과 함께 2021년에는 점차 코로나19가 일본 경제를 위축시키는 영향력이 약해질 것으로 예상한다. 일본 정부는 이미 유효성이 확인되기 시작한 영국 아스트라제네카의 코로나19 백신을 1억2000만회, 화이자와 1억2000만회, 모데나와 5000만회에 달하는 분량의 공급에 관한 기본합의를 체결했으며, 이는 총 1억4500만명분의 분량이기 때문에 일본 인구 1억2000만명 수준을 능가하고 있다.

일본 경제는 당분간 코로나19 감염 확산에 따라 경제활동 수준을 조절하면서 코로나19의 영향력을 억제하여 2021년 여름의 올림픽에 대비할 것으로 보인다. 일본 경제의 회복세가 코로나19 유행에 따라 진폭을 보이는 변동성은 있을 것이나 2021년에는 극심한 마이너스 성장이 되풀이될 가능성은 작을 것으로 예상한다.

코로나19의 충격을 받기 쉬운 일본 경제의 불안정한 회복세 속에서 우려되는

일본경제 실질 GDP 성장률 추이

※전기비연율

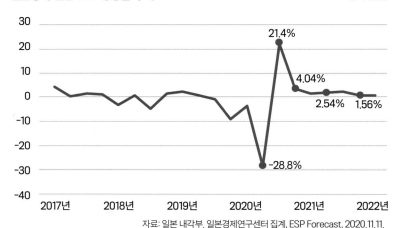

21.4%

4.04%

2.54% 1.56%

-28.8%

2017년　2018년　2019년　2020년　2021년　2022년

자료: 일본 내각부. 일본경제연구센터 집계, ESP Forecast, 2020.11.11.

"스가 내각은 경기대응책으로서 기업의
수익성 제고에 주력하는 한편, 규제개혁을 통한 중장기적
성장잠재력의 제고에 나서고 있다."

일본 도쿄의 한
쇼핑센터 모습

연합뉴스

부분은 기업 수익 악화와 함께 동반되는 고용 악화다. 일본경제가 2020년 3분기 이후 플러스 성장세를 회복했으나 실업률은 당분간 상승세를 유지하는 등 고용 악화가 2021년 초반까지 지속할 가능성이 있다.

성장잠재력 제고 위해 규제 완화에 주력

이에 따라 스가 내각은 경기대응책으로서 기업의 수익성 제고에 주력하는 한편, 규제개혁을 통한 중장기적 성장잠재력의 제고에 나서고 있다. 일시적인 재정지출 확대의 경제 부양 효과에는 한계가 있는 것이 사실이며, 민간의 경제활동을 제고해 신사업 개척을 유도하는 것이 중요하기 때문이다.

예를 들면 스가 내각의 규제개혁추진회의에서는 행정 수속의 디지털화를 막는 도장문화, 서면·대면 규제를 완화하기로 했다. 이들 규제가 행정의 디지털화·효율화를 억제하고 있기 때문이다. 일본 정부의 행정 수속 중 온라인으로 완결할 수 있는 것은 10%에 미치지 못하는 것으로 나타났으며, 코로나19 관련 지원금의 지급 지연 등의 문제가 발생하기도 했다.

일본 중앙부처 전체 행정 수속은 약 5만5000건 이상인데, 일본총합연구소가 정부의 공표 데이터에서 행정의 디지털화 수준을 분석한 결과 관청을 방문하지 않고 인터넷상에서 완결할 수 있는 행정 업무는 약 4000건으로 전체의 7.5%에 불과했다(니혼게이자이신문, 2020.6.18). 일본 정부는 약 20년 전부터 디지털화 정책을 강조해 왔지만, 아날로그 행정이 고쳐지지 않고 민간의 경제활동에 부담이 되고 있다는 인식이 강해지고 있다.

따라서 스가 내각은 이번 코로나19를 기회로 삼아서 각종 행정규제를 대폭 완화하려고 하는 것이다. 예를 들면 일본 정부는 이번 코로나19 확산을 계기로 확대 도입한 원격의료, 원격교육을 향후 발전시키는 방향으로 규제를 개혁하겠다는 입장을 나타내고 있다. 이들 분야의 규제 완화가 일본경제의 생산성 향상, 신규 사업 창출 등에도 기여하면서 일본경제의 성장잠재력을 제고할 수 있다는 것이다.

디지털 혁신과 저탄소 전략 통한 투자확대 유도

스가 내각은 디지털화 정책을 추진하면서 행정 효율성의 제고뿐만 아니라 민간투자를 활성화하는 데에도 주력할 것으로 보인다. 지난 2020년 3분기에 고성장에도 불구하고 감소세를 기록한 일본기업의 설비투자가 회복해야만 2021년 일본경제가 점차 코로나19 쇼크를 극복할 수 있기 때문이다.

일본기업의 경우도 코로나19 시대에 원격근무, 비대면 판매 전략을 강화하거나 스마트 공장을 구축하기 위해 디지털화 투자에 의욕을 보이는 것은 사실이지만 코로나19의 충격이 계속되고 있어서 안정적으로 설비 투자를 결정하지 못하는 측면도 있다. 이에 따라 스가 내각으로서는 일본기업의 잠재적인 디지털 투자 수요를 뒷받침하는 데에 주력할 것으로 보인다.

특히 일본 정부는 5세대(5G) 이동통신망을 신속하게 정비해서 스마트공장, 차세대교통 시스템, 원격의료 기반 등을 강화하고 신사업을 촉진해 경제적 활력을 제고하는데 주력하고 있다. 구체적으로 일본 정부는 5G 기지국에 대한 투자액의 15%를 법인세에서 공제하는 등 5G 투자 확대를 유도하고 있다. 일본 정부로서는 5G 투자 확충 정책을 통해 5G의 실질적인 성능 향상, 사회·산업으로의 활용 확대, 기술기반 강화 등에 주력해 6세대(6G) 이동통신 기술로 발전시키려는 구상이라고 할 수 있다.

5G 기술 특허 건수 등에서는 일본이 한국·중국 등에 밀렸으나 차세대 규격인 6G에서는 세계적인 주도권을 회복하기 위해 국가적인 차원에서 양자암호기술, 초절전형 통신기술 등의 연구개발을 강화하겠다는 전략이다.

한편, 스가 내각은 저탄소 산업구조로의 혁신을 추진하면서 새로운 투자 수요의 창출과 미래형 에너지 경쟁력의 제고에 주력할 생각이다. 이미 일본 정부는 새로운 에너지 기본계획을 고민하면서 비효율적인 석탄 발전소의 조기 폐쇄에 나서기로 했다. 또한 일본 정부는 태양광·풍력 등의 재생에너지 확충에 주력하는 한편, 아베 내각 시대보다도 원자력 발전에 주력할 방침인 것으로 보인다.

재생에너지와 원자력이라는 준 국산 에너지를 동시에 확충하면서 전기차 등 친환경 모빌리티 사회를 조기에 구축하겠다는 것이다. 이와 함께 절전형 가전 등의 보급 등에도 주력할 것으로 보인다. 이를 통해 2050년까지 이산화탄소 배출량을 실질적으로 제로로 만들겠다는 것이 스가 내각의 구상이다.

친환경 사회 구축에는 비용이 드는 것은 사실이지만 재생에너지나 전기차 등의 신산업을 발전시킬 수 있으면 성장을 촉진할 기회가 된다. 새로운 에너지로의 전환 과정에서 막대한 투자와 새로운 인력 수요가 발생하기 때문에 이러한 수요를 생산 확대 효과와 연결할 수 있는지가 초점이 될 것이다.

이러한 그린 에너지 혁신은 디지털 혁신과 연계되면서 발전할 것으로 보이며, 발전량이 일정하지 않은 재생에너지의 실시간 수급균형을 디지털 기술로 이룩하게 된다. 세계적으로도 디지털 혁신과 그린 혁명이 융합적으로 강화되는 추세이며, 이를 위한 전력 반도체, 반도체 장비, 핵심 소재 등의 첨단 하드웨어 기술을 가진 일본은 차세대 산업의 주도권을 조기에 확보하기 위해 주력할 것으로 보인다. 소재·부품·장비 등 기존 제조업의 혁신과 함께 신산업의 주도력을 강화해 성장잠재력을 높이려는 것이다.

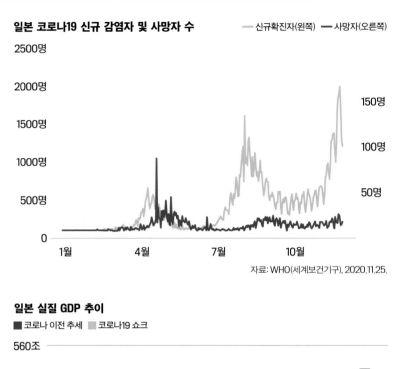

일본 코로나19 신규 감염자 및 사망자 수　　　── 신규확진자(왼쪽)　── 사망자(오른쪽)

자료: WHO(세계보건기구), 2020.11.25.

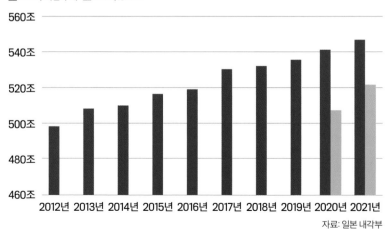

일본 실질 GDP 추이

■ 코로나 이전 추세　■ 코로나19 쇼크

자료: 일본 내각부

2021년 일본 경제는 코로나19의 영향을 억제하면서 규제 완화, 디지털·그린 혁명 대응 등을 통한 기업투자 활성화에 주력해 플러스 성장을 이어갈 것으로 보이지만 2020년 실질경제성장률은 -5% 정도에서 2021년에는 2%대 후반 정도로 회복되는 데 그칠 것으로 보인다. 일본기업의 투자심리 회복과 성장잠재력 제고 정책의 효과가 나오기까지 시차가 있을 것으로 보이기 때문이다.

경제활동 수준 회복은 2022년 이후 예상

이에 따라 일본경제가 코로나 이전의 경제활동 수준을 회복하는 것은 2022년 이후로 예상된다. 디지털화·그린화 대응 속에서 완만한 성장세 자체는 유지될 것으로 보이지만 코로나19의 재감염 확산, 취약 산업에서의 기업 부도 확대, 신흥국 등의 금융 불안 리스크 등 세계 경제의 급변에 따른 경제적 쇼크의 재발 위험성도 당분간 경계해야 할 것으로 보인다.

이에 따라 막대한 재정적자의 누적과 초저금리의 폐해에도 불구하고 2021년에도 일본이 주요 선진국과 협조적으로 초금융 완화 정책, 재정 확대 정책을 유지할 것으로 보인다. 특히 미국의 정권교체로 등장한 민주당 정권이 전통적으로 엔고 유도정책을 채택하는 경우도 많았으며, 2021년에 엔화의 급격한 강세를 억제하기 위해 일본은행이 금융 완화 정책의 유지에 고심할 것으로 보인다. 🌰

아세안 신흥국 경제
고성장 성공할까?

YES 70% NO

정재완 대외경제정책연구원(KIEP) 선임연구원

2019년까지 세계의 다른 신흥 경제권보다 높은 성장률을 구가해오던 동남아시아국가연합(ASEAN) 역시 신종 코로나바이러스 감염증(코로나19) 대유행의 영향을 피해가지 못하고 있다. 특히 코로나19의 영향이 다른 위기와 달리 세계 전체의 공급과 수요는 물론이고 정치·사회 등 모든 영역에 미치고 있어 대외개방형 성장전략을 추진하고 있는 아세안 경제도 부진한 모습을 보인다.

2020년은 마이너스 3%대 성장 예측

ASEAN(아세안) 주요국(말레이시아·베트남·싱가포르·인도네시아·태국·필리핀) 경제 성장률은 2020년 1분기 이후 급격히 낮아졌고 2분기에는 베트남을 제

문재인 대통령이 2020년 11월 12일 코로나19 사태 속 온라인 화상으로 열린 한-아세안 정상 회의에서 연설하고 있다.

AFP=연합뉴스

외한 모든 국가가 큰 폭의 마이너스 성장을 나타냈다. 특히 말레이시아·필리핀·싱가포르·태국은 -12%에서 -17%까지 성장률이 추락했다. 코로나19 대유행으로 인한 봉쇄(lockdown)와 이에 따른 수요와 공급의 제한 등이 주요 요인으로 보인다.

이후 아세안 국가들은 봉쇄 완화, 연이은 금리 인하와 대규모 경기부양책 실시, 북미와 유럽 등으로의 수출 호조 등에 힘입어 3분기에는 회복세를 보였다. 주요국의 제조업 구매관리지수(PMI)가 2020년 4월 최저를 기록한 후 상승세를 보여 2분기 이후 경기의 회복을 예견하기도 했다. 아세안 주요국의 경제 회복 속도는 중국이나 선진국권의 속도보다는 더디지만, 여타 신흥국보다는 높다. 이는 아세안의 방역과 정책대응 수준, 높은 성장 잠재력, 풍부한 생산가능인구 등

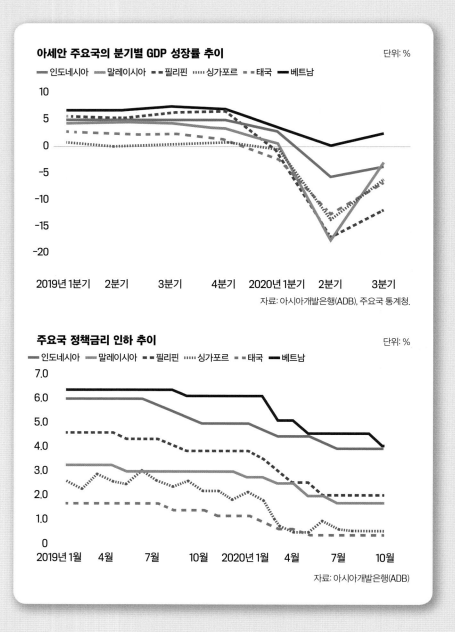

아세안 주요국의 분기별 GDP 성장률 추이

단위: %

━━ 인도네시아 ━━ 말레이시아 ┅┅ 필리핀 ⋯⋯ 싱가포르 ▪▪ 태국 ━━ 베트남

2019년 1분기 2분기 3분기 4분기 2020년 1분기 2분기 3분기

자료: 아시아개발은행(ADB), 주요국 통계청.

주요국 정책금리 인하 추이

단위: %

━━ 인도네시아 ━━ 말레이시아 ▪▪ 필리핀 ⋯⋯ 싱가포르 ▪▪ 태국 ━━ 베트남

2019년 1월 4월 7월 10월 2020년 1월 4월 7월 10월

자료: 아시아개발은행(ADB)

과 관련이 있어 보인다.

　2020년 전체적으로 아세안 경제는 전 세계 신흥국과 비슷한 마이너스 3% 대의 성장을 시현할 것으로 예측된다. 베트남은 성공적인 방역과 활발한 외국인 투자를 바탕으로 플러스 성장을 시현하며 아세안의 성장을 견인할 것으로 보이나, 다른 주요국들은 모두 마이너스 성장이 예상된다. 특히 정치·사회적 혼란이 겹친 태국은 아세안 내에서 가장 낮은 성장률을 보일 것으로 예상된다. 아시아의 마지막 미개척지로 알려진 미얀마는 플러스 성장이 예견된다.

2021년은 빠른 회복으로 급성장 전망

　2021년 아세안 경제는 5% 중반 성장할 것으로 전망된다. 국제통화기금 (IMF)은 이보다 높은 6%대의 성장을 전망한다. 이는 아세안이 높은 성장세를 구가하던 2010년대 초반과 같은 성장 속도다. 나라별로는 말레이시아·베트남·인도네시아·필리핀 등이 높은 성장률을 바탕으로 아세안의 성장을 견인할 것으로 전망된다. 신흥국으로 부상 중인 캄보디아와 미얀마 역시 6% 가까이 성장할 것으로 예상한다.

　아세안의 급성장은 먼저 세계 경제의 회복세를 배경으로 한다. 대외지향적 성장, 특히 외국인 직접투자(FDI) 활용과 수출기반 성장 전략을 구사하는 아세안은 세계 경제 환경의 변화에 민감하게 반응한다. 아세안은 대외무역의존도가 2019년 기준 89%에 이르고 FDI가 경제성장의 최대 동력이라는 점을 고려하면 더욱 그러하다.

　둘째, 발효를 앞둔 역내포괄적경제동반자협정 RCEP(Regional Comprehensive Economic Partnership) 역시 모든 국가가 회원국으로 있는 아세안의 경제 회복에 도움이 될 것으로 보인다.

셋째, 미국의 대선 불안 감소, 바이든 대통령이 이끌 미국 행정부의 대규모 경기부양책 예상, 코로나19 백신 개발 기대감 등으로 달러 가치가 하락한 것도 배경으로 들 수 있다. 달러 이동이 수익률이 높은 신흥국으로 확대함에 따라 신흥국 경기의 활성화를 기대할 수 있기 때문이다. 이는 유망 신흥국으로 구성된 아세안 역시 마찬가지다. 마지막으로 2020년 크게 위축된 데 따른 기저효과도 아세안 경제의 급성장 배경으로 볼 수 있다.

코로나 극복과 재정건전성 확보가 회복의 관건

코로나19의 세계적 대유행으로 인한 봉쇄와 사회적 거리 두기 등은 소비 위축과 소비 행태의 변화, 의료용품의 수요 급증, 디지털 경제로의 전환 가속화 등 세계는 물론 아세안의 경제와 산업구조를 크게 변화시키고 있다. 게다가 중국과 함께 세계의 공장 역할을 수행하고 있는 아세안의 입장에서는 2018년부터 시작된 미국·중국의 통상마찰에 더해 최근 지속하고 있는 코로나19 대유행은 국제 생산네트워크(GPN)와 국제 가치 사슬(GVC·Global Value Chain) 측면에서 큰 변화를 야기하고 있다.

이는 아세안이 동아시아에서 GPN과 GVC의 큰 축을 형성하고 있기 때문에 더욱 중요하다. 이러한 측면에서 보면, 현재 진행되고 있는 코로나19 대유행은 아세안은 물론이고 세계 경제의 회복을 결정짓는 최대의 관건이라 할 수 있다. 무엇보다 코로나19 대유행이 재발할 가능성이 도사리고 있는 아세안, 특히 확진자가 급격히 늘어나는 인도네시아와 필리핀 등에 더 심각한 영향을 미칠 것으로 보인다. 확진자가 많이 발생한 말레이시아와 미얀마 등도 경제 성장 속도

아세안 국가의 경제성장률 추이와 전망

국가	2019년 실적	아시아개발은행(ADB)		국제통화기금(IMF)	
		2020년 전망	2021년 전망	2020년 전망	2021년 전망
인도네시아	5.0%	-1.0%	5.3%	-1.5%	6.1%
말레이시아	4.3%	-5.0%	6.5%	-6.0%	7.8%
필리핀	6.0%	-7.3%	6.5%	-8.3%	7.4%
싱가포르	0.7%	-6.2%	4.5%	-6.0%	5.0%
태국	2.4%	-8.0%	4.5%	-7.1%	4.0%
브루나이	3.9%	1.4%	3.0%	0.1%	3.2%
캄보디아	7.1%	-4.0%	5.9%	-2.8%	6.8%
라오스	5.0%	-2.5%	4.5%	0.2%	4.8%
미얀마	6.8%	1.8%	6.0%	2.0%	5.7%
베트남	7.0%	1.8%	6.3%	1.6%	6.7%
전 체	4.4%	-3.8%	5.5%	-3.4%	6.1%

자료: ADB(2020년 9월)·IMF(2020년 10월).

아세안 주요국의 2020년 경기부양책 규모와 수준

※2020년 11월 기준

국가	금액	GDP 비중	국가	금액	GDP 비중
브루나이	3억 2000만 달러	2.66%	미얀마	1억 달러	0.13%
캄보디아	22억 1000만 달러	8.27%	필리핀	216억 4000만 달러	5.88%
인도네시아	1157억 8000만 달러	10.94%	싱가포르	891억 4000만 달러	25.35%
라오스	3000만 달러	0.16%	태국	840억 9000만 달러	15.96%
말레이시아	807억 8000만 달러	22.73%	베트남	265억 달러	10.12%

자료: ADB

가 더뎌질 수 있다. 일부 전문가는 코로나19 대유행을 회복하려면 2년 이상 소요되는 국가도 나올 수 있다고 분석한다.

아세안도 코로나19 대유행 상황을 맞아 연이은 금리 인하와 대규모 경기부양책을 추진했다. 특히 2020년 들어 완화적 통화 정책과 확장적 재정 정책을 통해 투입한 재정이 2020년 11월 말 기준 아세안 전체로 4200억 달러에 달한다. 그 규모가 싱가포르와 말레이시아는 국내총생산(GDP)의 20% 이상, 베트남·인도네시아·태국은 GDP의 10%를 넘어서고 있다.

코로나19가 장기화된다면 거시경제 안정성을 위협할 수도 있다. 아세안 국가의 경우 재정건전성을 확보하는 것도 코로나19 대유행을 조기에 극복하고 경제 성장 속도를 예년 수준으로 회복하는데 대단히 중요하다 할 수 있다.

외국인직접투자·관광산업이 성장 속도 좌우

역사적으로 아세안 경제의 핵심 주자가 외자 기업임은 익히 알려진 사실이다. 아세안이 신흥시장으로 부상함에 따라 전통적인 투자 대국인 미국·유럽(EU)·일본 등은 물론이고 한국·중국·대만 등의 투자가 경쟁적으로 진출하고 있다. 여기에 더해 2018년부터 시작된 미·중 통상마찰은 국제 생산거점으로서 아세안의 중요성을 다시 부각하고 있다. 커지는 차이나 리스크로 인해 대체 혹은 보완시장으로 아세안이 주목을 받는 가운데 미국의 대(對) 중국 추가 관세를 회피하기 위해 중국을 탈출하는 다국적기업과 중국기업이 아세안으로 진출하는 움직임이 활발하기 때문이다.

이에 더해 코로나19 대유행으로 GVC 재편이 가속화되고 있는 것도 하나의 이유가 되고 있다. 특히 그동안 세계무역을 이끌었던 GVC를 대신해 주요 지역별 가치사슬(RVC·Regional Value Chain)에 대한 참여도가 증가하는 가운데 코로나19 대유행이 GVC의 단절과 붕괴를 초래하고 있다. 아세안 내 GVC 또는 RVC 재편은 중국을 탈출해 아세안에 생산거점을 재배치하는 하는 다국적기업과 아세안 투자를 확대하는 중국 기업에 더해 일본의 니어쇼어링(near-shoring 중국을 떠나 본국으로 돌아가는 리쇼어링(Re-shoring) 대신, 동남아 등 인접 국가로 이동하는) 정책, 역내 각국의 투자유치 정책 등과 맞물려 아세안 경제성장의 속도를 좌우할 것으로 보인다.

아세안은 미·중 통상마찰의 최대 수혜 지역이지만 한편으로는 커지는 미국의 통상압력은 부담이 될 수 있다. 특히 최대 수혜국인 베트남에 대해 미국이 최근 환율조작국 관련 여부를 조사하고 있는데, 이는 베트남의 경제 성장에 큰 변수가 될 수 있다. 조사 결과는 최대 수출 대상국인 미국에 대한 수출과 한국을 비롯한 많은 국가의 투자에 큰 영향을 미칠 것으로 분석되기 때문이다.

관광업 역시 아세안의 경제성장 속도를 좌우할 것으로 보인다. 2019년 외국인관광객이 4000만명을 헤아리는 태국을 비롯 말레이시아와 싱가포르 등은 대표적인 관광 대국이다. 세계여행관광협회(WTTC)에 따르면, 2019년 현재 아세안 주요국의 관광업(직·간접)이 GDP에서 차지하는 비중은 캄보디아가 26.4%로 가장 높다. 이어 필리핀 25.3%, 태국 19.7%, 말레이시아 11.5%, 싱가포르 11.1%, 라오스 9.1%, 베트남 8.8%, 인도네시아 5.7%, 미얀마 4.6% 순이다.

코로나19 세계적 대유행으로 인해 봉쇄와 사회적 거리 두기가 시작되면서 외국인관광객의 입국이 90% 이상 줄어듦에 따라 관광산업을 중심으로 한 경제적 타격이 극심했다. 게다가 관광업에 대한 의존 비중이 높은 국가일수록 경기 부진의 늪이 깊게 나타났다. 2021년의 경제성장 속도에 관광업이 변수가 되는 이유가 여기에 있다. 大예大

2

세계 경제 흔들 5대 변수 향방은

2021년엔 백신·치료제 접종을 본격화해 코

로나19 사태가 진정될 전망이다. 하지만 종

식은 불가능해 보인다. 코로나 바이러스 변종

등장, 백신 확보가 어려운 가난한 나라들, 집

단면역 완성까지 장기간 소요 등 해결해야 할

난제들이 적지 않기 때문이다. 이에 따라 코

로나 사태를 극복하기 위한 각국의 경기 부양

과 양적 완화가 거품 경제를 빚을 거라는 우

려가 높아지고 있다. 그로 인한 환율과 국제

유가의 변동에 대한 대응도 고민거리다. 미·

중 패권경쟁도 더 심화될 것이며 세계경제에

미칠 파장도 만만치 않다.

코로나19 사태,
진정될까?

YES 60%   NO

배동주 기자

　"2021년 6월, 신종 코로나바이러스 감염증(코로나19)이 전세계로 번진 지(팬데믹) 1년 6개월이 흘렀다. 검사(testing)·추적(tracing)·격리(isolation) 끝에 백신이 나온 지도 6개월이 지났다. 진정은 됐지만, 종식은 멀었다. 확산 속도는 느려졌지만, 여전히 유행하고 있다. 간헐적 봉쇄(이동 제한) 조치는 새로운 표준(뉴노멀)이 돼버렸다. 종식 열쇠였던 백신 공급은 좀처럼 속도를 내지 못하고 있다. 전 세계 감염자 수는 약 2억5000만명이 됐고, 사망자 수는 175만명을 넘어섰다."

　2020년 7월 국제 과학 학술지 '네이처'가 제시했던 코로나19 예상 시나리오다. 네이처는 코로나19 상황과 전망에 관한 논문 분석과 감염병 과학자들 인터뷰 등을 통해 시나리오 발행 5개월 전 이미 백신 승인 예정 시점을 맞췄다. 하지

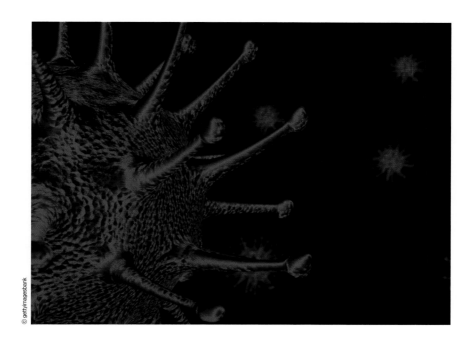

만 이로부터 6개월 후에도 코로나19는 진정될 뿐, 종식되진 못할 것으로 전망했다. 일부 전문가들은 "코로나19는 백신으로 박멸할 수 있는 천연두 같은 질병이 아닌 풍토병이 될 수 있다"는 가능성마저 내놓고 있다. 코로나19는 어떻게 될까.

확산, 재확산 끝에 대유행으로 번진 코로나19

지난 1년간 코로나19는 대유행과 잠깐의 소강, 재확산, 대유행을 반복하며 세계를 집어삼켰다. 2020년 초 하루 최대 2000명 수준이었던 전 세계 코로나19 확진자 수는 2020년 4월 들어 9만9000명으로 늘었고, 잠깐 소강됐던 확진자 수는 2020년 11월 말 하루 55만명이 됐다. 세계보건기구(WHO)가 2019년 말

전 세계 코로나19 확산 추이

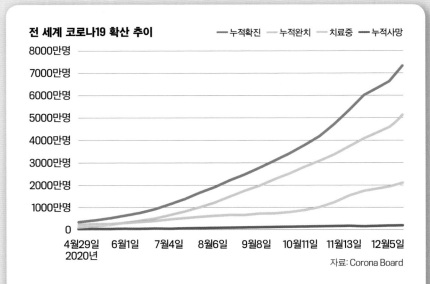

— 누적확진 — 누적완치 — 치료중 — 누적사망

자료: Corona Board

코로나19 백신의 감염 예방 원리

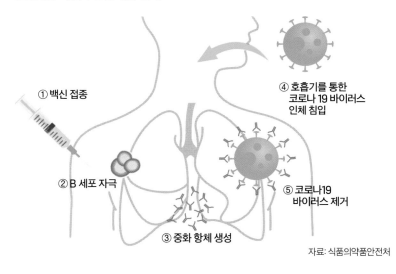

① 백신 접종

② B 세포 자극

③ 중화 항체 생성

④ 호흡기를 통한 코로나 19 바이러스 인체 침입

⑤ 코로나19 바이러스 제거

자료: 식품의약품안전처

에 새로운 감염병 발생을 공식 통보한 후 약 11개월 동안 전 세계 코로나19 감염자 수는 6100만명에 육박했고, 사망자 수만도 140만명을 넘어섰다.

국가별 차이는 있었지만, 큰 틀에서 코로나19 사태는 심각해지고 있다. 강력한 봉쇄 조치로 감염 확산 억제에 성공하고, 상황에 따라 이동 제한 조처를 완화하는 나라들은 소수에 그쳤다. 반면, 봉쇄를 강력히 실행하지 않거나 일찍 풀어버려 검사·추적·격리라는 코로나19 감염 확산 방지 시스템이 붕괴해 버린 국가가 많아졌기 때문이다. 가령 인도는 2020년 4월까지 확진자 수가 하루 평균 1000명대에 머물렀지만, 감염 확산 방지에 실패하면서 확진자 수가 하루 11만명까지 폭증했다.

한국도 위기에 빠졌다. 한국은 강력한 조처로 감염 확산 억제에 성공한 국가 축에 들지만, 2020년에만 3차례나 대유행에 빠졌다. 2020년 3월 신천지발 대유행이 1차였고, 같은 해 8월 광화문발 대유행이 2차였다. 이후 한동안 잠잠했던 코로나19 감염 확산은 2020년 12월엔 하루 확진자 수가 1000명을 넘어설 정도로 다시 급증했다. JP모건은 리서치 보고서 '코로나19 업데이트'에서 한국에서 2020년 연말까지 최대 1만5000명의 신규 확진자가 나와 2020년 누적 확진자 수가 4만4000명에 달할 것으로 전망했다.

이에 인류는 맞설 수가 없었다. 세계는 그동안 마스크와 거리두기 만으로 새로운 바이러스에 대응해왔다. 비말(침방울)로 전파되는 코로나19 바이러스의 특성에 따라 입을 가리고 거리를 둔 게 전부였다. 확산세 완화로 거리가 줄면 바이러스는 여지없이 세를 불렸다. 영국 런던위생열대의과대학(LSHTM) 연구진은 수일 안에 접촉자의 80%를 추적할 수 있어야 코로나19 확산 억제가 가능하다고 봤다. 하지만 1주일에 수천 명에 달하는 신규 감염자에 대한 경로 추적은 불가능했다.

코로나19를 종식시키려면 바이러스를 없애거나 많은 사람이 면역력을 갖고 있어야 한다. 이른바 집단면역이다. 그러나 집단면역은 전체 인구의 55~80%가 바이러스 면역을 갖췄을 경우에만 효과를 낼 수 있다. 코로나19의 경우 면역 항체 생성도 빠르지 않은 것으로 나타났다. 전세계 누적 확진자수가 500만명을 넘어섰던 2020년 5월 중순 미국 질병통제예방센터(CDC)가 수 천명의 혈청을 표본조사한 결과, 코로나19 면역 항체 보유율은 1% 수준에 그쳤다.

2021년 초 코로나19 백신 접종 본격화 전망

2021년 초까진 코로나19 확산세가 계속될 것이란 전망이 나오고 있다. 인플루엔자 등 다른 호흡기 바이러스와 마찬가지로 코로나19 역시 기온이 내려가면 감염이 늘어나는 계절성을 띠고 있기 때문이다. 아키코 이와사키 예일대 의대 교수는 "차고 건조한 공기는 호흡기 질환 바이러스의 전염력을 높이며 건조한 공기를 마시면 호흡기관의 면역 방어력이 손상될 수 있다"고 말했다. 날씨가 추워지면 비말 전파가 쉬운 실내에 머무는 시간이 늘어난다는 점도 위험 요인이다.

실제로 북반구가 겨울철에 접어들면서 코로나19 감염자가 2020년 봄 '1차 대유행' 시기보다 미국과 유럽을 중심으로 더 가파르게 증가하고 있다. 코로나19 누적 확진자가 가장 많은 미국은 2020년 11월 들어 하루에만 14만4000여 명이 확진 판정을 받는 등 날씨에 따른 확산세가 뚜렷해지고 있다. 하루 평균 신규 확진자가 미국 다음으로 많은 프랑스 역시 하루 4만 명 넘는 확진자가 나오고 있다. 2020년 10월 30일부터 한 달여 동안 프랑스 전역에 봉쇄령이 떨어졌지만, 확산 추이는 꺾이지 않았다.

희망은 있다. 코로나19 예방 효과가 90%를 넘는다는 백신 개발 소식이 속속

코로나19 선별진료소 의료진이 방문한 시민들을 검사하기 위해 이동하고 있다.

중앙포토

나오고 있어서다. 백신은 현대의학이 만든 가장 성공적인 치료법 중 하나로 꼽힌다. 질병을 일으키는 병원균(바이러스나 미생물)을 약하게 만들어 몸 안에 넣어주면 면역체계가 방어 방법을 기억해 진짜 병원균이 들어왔을 때 바로 공격, 병에 걸리는 것을 막는 방식이다. 과거 호랑이만큼이나 무섭다는 의미로 호환 뒤에 붙은 마마(천연두)가 백신(종두법)에 의해 이제는 완전히 사라졌다.

코로나19 백신은 과거 그 어떤 백신보다 빠르게 개발되고 있다. 2020년 12월 기준, 선두 주자로 꼽히는 건 미국 제약사 화이자와 독일 바이오엔테크가 공동 개발한 백신이다. 화이자는 3상 임상시험 최종 분석 결과, 감염 예방 효과는 95%, 안전성에도 문제가 없다고 주장했다. 미국 모더나 백신 역시 3상 임상시험 중간 분석 결과에서 예방률이 94.5%가 나왔다고 발표했다. 영국 아스트라제네

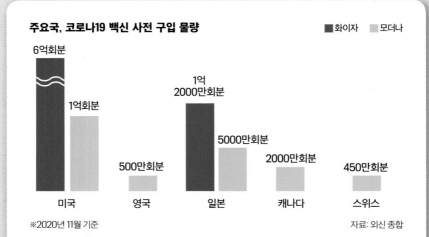

주요국, 코로나19 백신 사전 구입 물량　　■ 화이자　■ 모더나

- 미국: 6억회분 / 1억회분
- 영국: 500만회분
- 일본: 1억 2000만회분 / 5000만회분
- 캐나다: 2000만회분
- 스위스: 450만회분

※2020년 11월 기준　　자료: 외신 종합

" 선진국의 백신 선점으로 빈곤국은 2021년 말까지
인구의 약 20% 정도만
접종할 수 있는 백신 확보에 그칠 수 있다. "

화이자가
개발한
코로나19 백신

Reuters=연합뉴스

카와 옥스퍼드대도 백신 2상과 3상 중간 평가 결과 평균 70%대 효과가 있다고 전했다.

이미 미국 등 선진국들은 백신 배포에 속도를 내고 나섰다. 코로나19가 대선 향방마저 갈랐던 미국은 행정부가 직접 코로나19 백신 개발 프로젝트팀을 짜고 2020년 12월 11일 백신 배포를 시작했다. 화이자와 바이오엔테크가 코로나19 백신 긴급 사용을 미 식품의약국(FDA)에 신청하자 FDA는 12월 10일 자문회의서 승인, 배포에 들어갔다. 미국은 12월에만 최대 2000만명, 이후에는 매달 3000만명에 대한 백신을 접종을 계획하고 있다. 영국 역시 12월부터 백신 접종을 시작했다.

확산 진정 가능하지만, 종식은 불가능할 수도

백신은 당장 2021년 2분기부터 코로나19 확산세를 막고 코로나19 사태의 진정을 이끌 것으로 보인다. 백신이 면역체계에 방어 기억을 심는 특성을 지닌 만큼 백신 접종 확산이 코로나19 종식으로 가는 집단면역의 기반이 될 수 있기 때문이다. 몬세프 슬라위 미국 백신 개발 프로젝트팀 최고책임자는 "백신 접종을 통해 인구 중 70% 정도가 면역력을 갖는다면, 집단면역이 일어날 수 있다"며 "2021년 5월께 그런 일이 일어날 수 있을 것 같다"고 내다봤다.

코로나19 치료제도 속속 승인·사용 단계에 들었다. 미국은 2020년 11월 중순 미국 생명공학 기업 리제네론의 항체치료제를 긴급 승인했다. 코로나19 확진을 받은 후 완치된 사람의 혈액을 분석, 바이러스를 무력화시키는 항체만 분리 선별해 만든 치료제로 알려졌다. 셀트리온·녹십자 등 국내 제약·바이오 기업들도 증상 완화로 코로나19 확산 부담을 줄일 수 있는 항체치료제·혈장치료제 등의 코로나19 치료제 최종 임상과 긴급 사용 신청을 잇달아 예고하고 나섰다.

하지만 코로나19는 2021년 중반쯤 진정될 뿐, 종식되지 않을 가능성이 크다. 백신 생산 확대와 공급, 그리고 세계 각국 분배가 쉽지 않은 탓이다. 무엇보다 코로나19 사태 '게임 체인저' 역할을 할 백신 수급이 미국 등 일부 선진국에 한정될 가능성이 크다. 빌&멀린다게이츠재단을 통해 백신 개발을 지원한 빌 게이츠 마이크로소프트 창업자는 "선진국의 백신 선점으로 빈곤국은 2021년 말까지 인구의 약 20% 정도만 접종할 수 있는 백신 확보에 그칠 수 있다"고 우려했다.

한국만 해도 정부는 2021년 하반기에 들어서야 백신 수급·접종이 가능할 것이라고 밝혔다. 2020년 7월 한국 등 전 세계 189개국(12월 기준)이 참여한 글로벌 백신 공급 메커니즘 '코백스퍼실리티(COVAX Facility)'에 따르면 코로나19 전 세계 공평 분배(20억회분)는 2021년에야 가능할 전망이다. 인도·중국·브라질·베트남·태국 등 17개국 50개 제약·바이오 제조사가 '개발도상국 백신제조사 네트워크'를 구성해 백신 대량 생산 체계를 구축한 것이 그나마 다행으로 꼽힌다.

코로나19, 코로나20 코로나30으로 번질 우려

백신이 효과를 내지 못할 수도 있다. 90%의 코로나19 백신은 바이러스 표면에 존재하는 스파이크 단백질인 수용체 결합 영역을 타깃으로 한다. 그러나 코로나가 스파이크 단백질 표면을 바꾸는 이른바 변이의 경우 백신은 효력을 잃는다. 예컨대 독감(인프루엔자) 예방 접종처럼 매년 새로운 백신을 맞아야 할 수도 있다는 의미다. 미네소타대 감염병연구센터(CIDRAP)는 "코로나19 백신이 40주 동안 면역력이 지속되는 독감 바이러스 백신처럼 단기 면역만 유발한다면 코로나19는 뚜렷한 기복 없이 감염 사태가 이어지는 패턴을 보일 수 있다"고 지적했다.

일각에선 코로나19가 팬데믹에서 '엔데믹(풍토병)'으로 변할 수 있다는 우려를 내놓고 있다. 코로나19 진원지로 꼽히는 중국 우한에서 발표한 코로나19 유전자 분석 기준과 최근 발견되는 코로나19 유전자엔 평균 5~8개의 돌연변이가 발생한 것으로 나타났기 때문이다. 미국 컬럼비아대 메일맨 보건대학원의 제프리 샤면 교수와 마르타 갈란티 연구원은 2020년 11월 14일 국제 학술지 〈사이언스〉에 "수용체 결합 영역의 변이는 아직 적지만, 코로나19가 반복적 발병을 일으키는 점 등을 볼 때 주기적으로 재발병하는 엔데믹이 될 가능성이 있다"고 분석했다.

코로나19는 코로나20, 코로나30에 바통을 넘길 수도 있다. 뿐만 아니라 코로나19가 끝나지 않은 상황에서 다른 신종 바이러스가 겹칠 가능성도 배제할 수 없다. 최근 환경 파괴, 기후 위기 등으로 심화한 생명 다양성 붕괴가 감염 '희석효과'를 무력하게 만들고 있기 때문이다. 희석효과는 다양한 생물종으로 인해 병원균이 소수의 생물종에 집중되지 않는 현상을 뜻한다. WHO는 "인간이 새로운 병원균에 감염될 가능성이 계속 높아지고 있다"고 지적했다. 권준욱 국립보건연구원장은 2020년 9월 "코로나19가 종식해도 우리는 과거로 돌아갈 수 없다"고 말했다. Ｊ예측

미국의 '중국 때리기'는 계속될까?

YES 90%　　NO

김태우 건양대 군사학과 교수, 전 통일연구원장

　미국 대통령이 도널드 트럼프에서 조 바이든으로 바뀌면 달라질 것도 많고 달라지지 않을 것도 많을 것이다. 달라지는 것에는 집권당 교체와는 무관한 '트럼프적 현상(Trumpism)의 쇠퇴'로 설명해야 할 것들이 많을 것이다.

　트럼프 대통령은 '미국 우선주의(America First)' 구호를 앞세워 과거 같으면 민주당을 지지했을 백인 노동자들을 지지세력으로 만들었다. 또한 장기적이고 고매한 국익보다는 당면한 자국 이익을 중시하는 상업주의적 기조로 미국의 세계경찰 역할에 피곤증을 느끼는 국민에게 카타르시스를 제공하면서 그들을 정치적 우군으로 만드는 데 성공했다.

　탑다운(top-down·상의하달)식 정책 결정, 무절제한 대국민 트윗 대화, 즉흥적 결정, 경솔한 언행 등도 양 당의 정책 기조와는 무관한 트럼프적 현상이었다.

대외 기조에서는 전통적으로 공화당과 민주당이 크게 다르지 않았음을 고려한
다면, 트럼프가 자국 이기주의를 앞세우고 동맹관계를 훼손하고 미국의 도덕적
리더십을 추락시킨 것도 공화당이나 민주당의 전통적인 정책 기조와는 무관한
트럼피즘의 발로였다.

달라질 것들과 달라지지 않을 것들

바이든 이후 달라질 것들은 적지 않다. 대통령 개인의 통치 스타일은 참모
와 전문공직자들의 의견과 절차를 존중하는 전통적 제도주의자의 스타일로 바
뀔 것이다. 세계는 국제적 의무를 존중하고 동맹관계를 중시하는 '엉클샘(Uncle

Sam)'의 모습으로 회귀하려는 미국, 그리고 파리기후협약, 이란핵합의(JCPOA), 핵군비통제 조약 등 트럼프 대통령이 파기했거나 탈퇴한 국제장치들에 복귀함으로써 글로벌 거버넌스(Global Governance·국제공동협력체제)를 다시 추스르고 도덕적 패권 회복에 나서는 달라진 미국을 목도하게 될 것이다.

북대서양조약기구(NATO)·일본 등 트럼프의 '후려치기'식 방위비 분담금 압박에 시달려온 동맹국들도 한숨을 돌리게 될 것이며, 이 점에서는 한국도 마찬가지일 것이다. 바이든 당선인은 11월 12일 스가 요시히데(菅義偉) 일본 총리와 통화하면서 "센카쿠 열도는 미국·일본의 안보조약이 적용되는 지역"이라고 했다. 이는 중국의 센카쿠 침공 시 미군 개입을 확약한 것으로서 미·일 동맹을 강조하는데 이보다 더 강력한 발언은 없다.

북핵 기조도 달라질 전망이다. 북한 비핵화에 진전이 없는 한 대북제재를 약화하거나 동맹국 한국의 안보를 위태롭게 하면서 북한과 '나쁜 거래(Bad Small Deal)'를 할 가능성도 감소할 것이다. 이는 한국의 우파들을 안심시키는 전망이지만, 북핵과 무관하게 평화 이벤트를 선행시키기를 원하는 선순환론자들에게는 부담으로 다가올 것이다.

달라지지 않을 것들도 주목해야 한다. 우선, 트럼프의 퇴진에도 불구하고 트럼피즘이 불러일으킨 신고립주의는 쉽게 물러나지 않을 것이다. 미국의 가난한 백인들은 '왜 우리가 다른 나라들을 위해 돈을 쓰고 피를 흘려야 하는가'라는 질문을 계속할 것인데, 미국을 다시 미국답게 만들려는 바이든의 노력은 이 흐름을 역행해야 하기에 절대 쉽지 않을 것이다.

북한의 핵 질주도 계속될 것이다. 북한은 '남조선 혁명과 주체 통일'이라는 불변의 대남목표를 가지고 있다. 이 목표가 불변인 이상 동맹 무력화와 핵 보유 기정사실화는 최대의 대미·대남 전략목표일 수밖에 없다. 그래서 북한은 한국을 군사적으로 압도하고 미국과 핵 게임을 벌일 수 있는 핵 무력 수단들을 개발해 나갈 것이다. 미국·중국 간 신 냉전적 대결도 달라지지 않는 것 중의 하나일 것이다.

멈추지 않을 중화패권(中華覇權) 행보

2013년에 집권한 시진핑(習近平) 주석은 화평굴기(和平崛起·평화롭게 우뚝서다)·도광양회(韜光養晦·때를 기다리며 실력을 기른다)의 시대를 마감하고, 주동작위(主動作爲·내 권리를 위해 적극 나서다)·대국굴기(大國崛起·강대국으로 일어서다)의 시대를 활짝 열어젖혔으며, '강국굴기,' '우주굴기,' '사이버굴기,' '반도체굴기' 등을 외치면서 군사·경제·무역·기술·정보·우주 등 모든 분야에서 세차게 미국에게 도전하고 있다.

군사 분야에서는 '제1, 2 도련선'과 '반접근·지역거부(A2/AD)' 전략을 통해 서태평양에서의 미국의 영향력을 배제하는 한편, 2049년 초일류 중국군을 목표로 대미(對美) 무기경쟁에 나서고 있다. 중국은 국방비의 지속적인 증가를 토대로 스텔스 전투기, 전략폭격기, 스텔스 잠수함, 항공모함, 대위성(ASAT) 무기, 에너지빔 무기, 극초음속 무기, 드론 등 신무기들을 개발하고 있으며, 미국·러시아와의 격차를 줄이기 위한 핵무기 첨단화에도 박차를 가하고 있다.

2019년에는 극초음속활공체를 탑재한 DF-17 미사일을 공개했다. 중국은 미국 다음으로 많은 120여 기의 군사위성을 운용하며, 중국판 GPS인 베이더우(北斗) 체제를 구축하기 위해 이미 55개의 위성을 발사했다. 2020년에는 화성탐사선 톈원(天問)1호도 발사했다.

중국은 일대일로 구상, 늑대전사 외교(wolf warrior diplomacy·공격적 외교방식) 회색지대 전략(grey zone strategy·상대방이 대응하기 어려운 애매모

중국 정부와 홍콩 경찰의 대대적인
홍콩 민주인사 검거 선풍이 불고 있다.
앞으로 홍콩에서 경찰과 시위대가
충돌하는 모습은 보기 힘들 전망이다.

중앙포토

> "미국의 대중(對中) 인식은 클린턴, 부시, 오바마,
> 트럼프 행정부 등을 거치면서 급격히 악화됐고 대중 기조도
> 관여에서 대결로 바뀌었다."

호한 지역으로 만드는 전략) 등을 구사하면서 전 세계를 대상으로 영향력 확대를 꾀하고 있으며, 지리적으로 인접한 주변국들에는 팽창주의 위협으로 다가가고 있다. 중국은 구단선(九段線·중국이 남중국해에 그은 9개 해상 경계선) 전략, 남중국해·서해·대만해협의 내해화(內海化·중국의 앞마당처럼 만드는) 인근국 방공식별구역(ADIZ) 무력화, 해상민병을 앞세운 불법어업 등을 통해 주변국들과의 수직적 질서를 도모해왔다.

1997년에는 '50년간 일국양제(一國兩制·한 국가 두 체제) 유지' 합의를 무

시하고 2020년 5월 홍콩보안법을 강행해 홍콩을 공산당 직접통치 지역으로 변환시켰고, 일국양제 제안을 거부하면서 '평화롭고 대등한 양안관계'를 고수하는 대만에 대한 무력시위를 반복하고 있다. 한반도에 있어서는 오랫동안 준수했던 '해군 함정의 서해 중간선 월선 자제'를 깨고 서해를 내해화하고 있으며, 한국 내 사드(THAAD) 기지를 시비하는 '한국 때리기'를 지속하면서도 사실상 북핵을 두둔하고 있다. 시 주석은 2018년 개헌을 통해 '3선 금지' 조항을 삭제함으로써 종신 집권의 길을 열어 놓았다.

바이든, 트럼프의 '중국 때리기' 계승할 듯

바이든은 상원의원 시절인 2001년 새로운 미·중 관계 수립을 위해 중국을 방문해 중국을 세계무역기구(WTO)에 가입시키는 작업에 참여했었다. 하지만 이를 이유로 바이든이 친중 정책을 펼칠 것으로 볼 수는 없다. 미국의 대중(對中) 인식은 클린턴, 부시, 오바마, 트럼프 행정부 등을 거치면서 급격히 악화됐고 대중 기조도 관여(engagement)에서 대결(confrontation)로 바뀌었다. 이 기간에 중국은 '공산당 일당독재하의 자본주의'라는 특유의 정치·경제 체제를 십분 활용했다.

중국은 풍부하고 값싼 노동력을 앞세워 세계 제조업을 장악하고 무역을 확대했다. 극렬한 노동활동도 민원도 인권요구도 없는 독재체제 아래에서 쉽게 정부의 부를 축적해 정부 또는 인민해방군이 경영하는 공사들을 세웠고, 이 공사들은 자금력을 앞세워 세계시장을 공략했다. 그러면서 커진 경제력을 기반으로 군사력 첨단화를 가속했다.

2000년대 초반만 해도 미국 내 제도주의자들은 중국 경제가 발전하고 국민

소득이 늘어날수록 성장이 둔화하고 국가 간 상호의존이 심화할 것이므로 결국 국제경제 체제로 편입된 '약하고 착한 중국'으로 귀착될 것으로 내다보았다.

일부 현실주의자들도 '거품론'을 제기했었다. 즉, 중국의 급속성장은 오래갈 수 없는 거품 현상이며 조만간 민주화, 환경개선, 평등과 인권, 도농(都農) 격차 해소, 소수민족 문제 등에 대한 요구가 분출되면서 전제주의를 포기하는 정치적 변화를 겪게 될 것으로 예상했었다.

하지만 독재체제는 이런 요구들을 억압하는데 유효했다. 중국은 시장경제 체제의 이점을 누리면서 외국의 기술과 노하우들을 도용하거나 따라잡는 '불공정 성장'을 지속했고, 결국 현실주의자들이 우려했던 '강하고 고약한 중국'으로 성장했다.

클린턴 행정부는 중국을 '책임 있는 국제사회의 일원'으로 기대했지만, 오바마 행정부에 와서는 '책임 있는 핵심 당사국' 또는 '협력이 가능한 경쟁국'으로 그리고 트럼프 시대에 와서는 '함께 갈 수 없는 적대국'으로 인식되기 시작했다. 미국의 대중 전략도 '재균형' 전략에서 '인도-태평양' 전략'으로 확대·강화됐다.

여기서 주목해야 하는 것은 미국의 대중 인식 변화는 미국 여론을 반영하는 것으로서 민주·공화당 구분과는 무관한 전 미국적인 현상이라는 사실이다. 2020년 3월 퓨리서치센터(Pew Research Center)가 실시한 여론조사에 따르면 미국인의 66%가 중국에 대해 비호감을 가지며, 공화당 지지자의 72%와 민주당 지지자의 62%가 비호감을 표시했다. 미국인 10명 중 6명이 중국을 위협세력으로 보았고, 8명이 중국이 위험한 질병을 퍼뜨리는 것으로, 그리고 7명이 테러리즘과 핵무기를 확산하는 세력으로 보았다. 이런 수치들은 최근 들어 모두 급격히 증가하고 있다.

이런 여론 아래에서 공화·민주 양당이 '중국 때리기'에 초당적으로 협력해왔

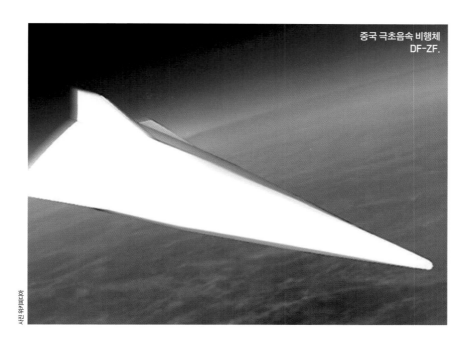

중국 극초음속 비행체
DF-ZF.

음은 당연한 일이다. 트럼프 행정부가 기존의 무역과 금융에서 통신장비, 안보 문제, 스파이, 신종 코로나바이러스 감염증(코로나19) 백신, 홍콩보안법 등으로 반중(反中) 전선을 넓혀 가면서 중국과의 '대결별(great decoupling)'을 선언하고, 미국·인도·일본·호주의 4자 안보대화(Quad Security Dialogue)의 부활과 미국 중심 경제 블록인 '경제번영네트워크(EPN)'을 주창했을 때 민주당은 전폭적으로 지지했다.

2020년 미 상원이 만장일치로 채택한 대중국 제제 법안에는 중국 소수민족 탄압에 대한 제재(5월 14일), 회계기준 미달 중국기업의 미 증권거래소 상장 금지(5월 20일), 홍콩보안법 관여 중국관리 제재(7월 2일), 중국 동영상 애플리게이션 '틱톡' 사용금지(8월 6일) 등이 있다. 요컨대, 미국 국민은 지지 정당과 무관하게 중국의 도전에 대해 위협을 느낀다. 이런 여론 지형 아래에서 바이든 행정부 이후에도 민주당과 공화당은 코로나19 바이러스 대처, 인종 차별 등 국내 문제에서 이견과 갈등을 보이겠지만, 중국 때리기에 있어서는 초당적 협력을 이어갈 가능성이 크다.

2020년에 개정된 민주당 강령에는 '미국 제조업을 약화하는 중국에 공격적인 행동,' '중국에 대항하기 위한 동맹국들과의 협력,' '위구르 등 소수민족에 대한 잔혹 행위 규탄' 등이 언급돼 있으며, 2016년 강령에 포함됐던 '하나의 중국 원칙(One China Policy)'은 아예 삭제하고 '공산당'이라는 표현을 사용하고 있다. 이런 유사한 현상은 다른 서방국가들에서도 목도할 수 있다. 중국의 고압적·일방적 대외 기조는 베트남으로 하여금 과거 적국이었던 미국과의 군사교류를 가능하게 만들었고 미국·인도 간 신밀월 시대를 촉발했으며, 호주·캐나다 등 많은 서방국가들의 반중 정서를 악화시키고 있다.

미·중 패권경쟁 시대 한국의 전략적 선택

바이든 행정부 출범 후에도 북한의 핵 질주를 멈추게 할 방도는 보이지 않고, 러시아 푸틴 대통령의 '군사적 초강대국 회귀'를 멈추게 하는 것도 어려워 보이며, 중국의 패권 행보를 중단시키는 것은 더욱 어려워 보인다. 중국이 이 행보를 지속하고 미국인의 반중 정서가 확대되는 한, 민주·공화당의 초당적 협력을 기반으로 하는 중국 때리기도 이어질 것이다. 이런 맥락에서 바이든 시대에 대비해야 하는 한국이 유념해야 할 것들이 적지 않다.

첫째, 미·중 신냉전의 파고(波高)가 높아지는 상황에서 안보는 미국 그리고 경제는 중국과 협력하는 안미경중(安美經中)을 통한 균형자 역할'이 가능할 것으로 보는 것은 착각일 가능성이 크다. 균형자 역할은 두 강대국 사이에 낀 상대적 약소국이 어느 한쪽에 가담할 때 전체적인 힘의 균형이 그쪽으로 기울 만큼의 국력을 가지고 있을 때만 가능하다. 특히 중국이 경제력을 기반으로 군사력·정보력·기술력 등을 키워 미국에 도전하는 시대에 중국과의 경제교류는 곧바로 미국의 국익에 반하기 쉽기 때문에 동맹에 부정적인 영향을 미치지 않는 안미경중이란 존재하기 어렵다.

둘째, 이렇듯 높아지는 미·중 신냉전의 파고 속에서 한국의 전략적 선택은 한·미 동맹을 중심에 둔 상태에서 중국과의 비적대 우호 관계를 유지 발전시키기 위해 노력하는 '연미화중(聯美和中 Alliance+Hedging)'일 수밖에 없다. 즉, 한국은 화평스러운 한·중 관계를 유지 발전시키기 위해 최선을 다해야 하지만 주권 위협에 대해서는 독자 역량과 동맹역량을 최대한 활용해 확고하게 대처함으로써 국가생존을 담보하고 정체성과 독립성을 수호해나가야 마땅하다.

이를 위해서는 동맹 신뢰의 재확인, 연합방위태세의 강화, 핵우산 및 확대억제(extended deterrence)의 강화, 미국 아시아 전략 참여도 증강, 한·미·일 삼국 간 안보공조 강화 등을 통해 한반도 유사시 미국의 개입을 확실하게 만들어나갈 필요가 있으며, 바이든 행정부 출범은 이를 위한 좋은 기회가 될 수 있다.

셋째, 모든 것을 고려할 때, 한국으로서는 중요한 이웃인 중국과의 관계가 적대적으로 발전하지 않도록 최선을 다하는 가운데 교역·투자 상대국의 다변화를 통해 과중한 대중 경제·무역 의존도를 점진적으로 줄여나갈 필요가 있다. 중국이 의미하는 당면·미래 위협의 정도, 장기적으로 가치와 이념을 공유할 수 있는 파트너로서의 중국의 가능성, 손자병법에서 말하는 원교근공(遠交近攻·먼 나라와 친교를 맺고 가까운 나라를 공략하는 전략)의 이치 등을 종합할 때 이런 전략적 선택들이 불가피한 것으로 보인다. ⊕

이어지는 불확실성,
글로벌 양적완화 이어질까?

YES 70%　　　NO

최공필 금융연구원 미래금융연구센터 센터장

　최근 국제 3대 신용평가사 중 하나인 피치(Fitch)의 전망에 따르면 주요 20개국에서 2020년 중에만 7조6000억 달러 이상의 규모로 포괄적 보증포함 재정지원이 이루어질 것으로 보인다. 2019년 전세계 국내총생산(GDP)의 11%에 해당하는 규모다.

　직접적 재정 지출만 봐도 세계 금융위기 때의 두 배가 넘는 5조 달러 이상 (2019년 GDP 대비 7%)이고 이를 시장 차원에서 지원하기 위한 중앙은행들의 자산매입, 즉, 양적완화 규모는 미국의 경우 GDP의 20%, 영국과 캐나다는 9%에 이른다. 실제 세계 금융위기 이후 약 10년간 전개된 양적완화 규모의 절반 이상을 신종 코로나바이러스 감염증(코로나19) 사태 수습에 동원한 것이다.

　세계 금융위기 이후부터 시작돼 코로나19 사태 이후 본격화된 선진국 중앙은

94

조 바이든 미국 대통령이
재무장관으로 지명한 재닛
옐런 전 연준 의장.

행들의 양적완화는 이제 전면적 자산시장에 거품을 야기하고 있다. 거품 여부는
당장 판단하기 어려운 측면이 있다. 초기에는 금융 접근을 용이하게 만들어 프로
젝트의 수익 흐름이 뒷받침될 수 있는 우호적 환경을 조성하기 때문이다. 정책당
국으로서는 단기적으로 늘어난 양적완화는 은행 시스템 대출 기능을 활성화시켜
경제를 회복시키는 데 도움을 줄 수 있을 것으로 기대하고 있다.

  문제는 지속가능성인데 이는 상당한 위험요인을 내포하고 있다. 특히 지금과
같이 부채가 급증하는 상태는 또 다른 비용요인과 시스템 차원의 위험 증가를
수반하기 때문이다. 이 때문에 조만간 부채를 관리해야 하는 상황으로 이어지고
이는 작금의 인위적 여건이 반전될 가능성을 시사한다. 무차별적 지원 태도에서
향후 다방면의 위험관리능력이 요구되는 상황으로 연결될 경우 연쇄 도산과 신

도널드 트럼프 미국
대통령의 양적완화 정책에
자주 반대 의견을 제시한
제롬 파월 연준 의장.

> "미국의 경우 2019년 4조 달러 수준에서 2020년 7조 달러
> 수준까지 급격히 팽창한 미국 연방준비제도(Fed·연준)의 대차대조표
> 증가량은 양적완화(QE) 1~3까지의 증가 규모보다 크다."

미 연준 대차대조표

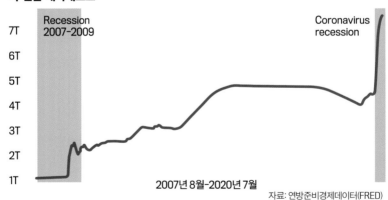

자료: 연방준비경제데이터(FRED)

이코노미스트 2021 경제 대예측

용위험 급증의 부작용을 관리해야 하는데 절대 만만치 않은 과제다.

과거와 다른 점은 금융의 가장 기본적인 신뢰 토대인 중앙은행에서 직접 자금 공급에 나서는 상황이 장기화하고 있다는 점이다. 미국의 경우 2019년 4조 달러 수준에서 2020년 5월 7조 달러 수준까지 급격히 팽창한 미국 연방준비제도(Fed·연준)의 대차대조표 증가량은 양적완화(QE) 1~3까지의 증가 규모보다 크다. 그만큼 재무성 증권을 많이 사들인 것이고 적자 재정이 늘어난 것이며 경제 사정이 어렵다는 뜻이다.

정상적인 신용 경로를 통해 자금이 도는 것이 아니라 직접 수혈해야만 하는 극한상황에 진입한 것이다. 물론 코로나19 사태 직후 세계적인 달러 유동성 부족을 통화 스와프로 대응하는 과정에서 달러 공급이 늘어나게 된 부분도 무시하기 어렵다. 제로금리 상황에서 달러 공급의 경우 금리재정조건에 따라 해외로 흘러 들어가면서 각종 투기와 자산에서 거품을 형성하는 원인으로 작용하고 있다. 한국을 비롯한 자국 화폐의 강세 기조가 뚜렷해지는 현상은 선진국 중앙은행들의 장기간 양적완화가 유지된 결과다.

2019·2020년 자금 팽창, 양적완화 증가 규모보다 커

유럽중앙은행(ECB)도 비슷한 선택으로 일관하고 있다. 코로나19가 본격화되던 2020년 3~4월 중 평소 월 평균 규모의 60배인 1200억 유로를 사들이는 고육책을 구사했다. 이러한 속도로 중앙은행들의 양적완화가 지속할 경우 2020년 말에는 Fed 10조 달러, ECB는 6조 유로 수준을 상회할 것으로 보인다. 당장 엄청난 규모의 유동성 공급이 일단 살고 보자는 절박한 심리를 반영했다면 이후의 상황개선은 악순환의 고리를 차단하기 위해 필수적인데 코로나19 사태의 여파가 전례 없는 일이라 불안한 측면이 여전히 존재한다.

각국 중앙은행들의 양적완화는 결국 상황 악화 시 매번 움츠러드는 금융시스템의 경색을 극복하고 실물경제에 최대한 자금이 원활하게 공급될 수 있도록 배경을 제공하는 것인데 정작 그 파이프라인 역할을 하는 은행들은 기대만큼 제대로 작동하기 어렵다.

상업은행들 스스로 신용위험이 높아진 대상에 자금을 공급하기보다는 중앙은행지급준비금으로 이익을 챙기는 것이 안전할 수 있다. 더욱이 세계 금융위기 후 건전성 규제가 강화돼 언제든 동원 가능한 유동성 준비상태를 유지해야 하므로 이 또한 상당한 비용으로 작용하고 있다.

과거 과도한 레버리지 기반 신용공급의 주체로 감시와 규제가 강화된 것은 타당하지만 전 세계가 달러 기반으로 돌아가는 상황에서 상업은행들의 중개 역할 저하와 중앙은행들의 개입 규모 확대는 결코 바람직한 모습이라고 보기 어렵다. 규제가 상대적으로 느슨한 영역의 그림자 금융 확산은 세계적 현상이지만 여기서는 고수익 기회가 창출되는 동시에 파악하기 어려운 위험도 도사리고 있다. 양적완화는 혜택과 부작용의 상충관계가 뚜렷한 극단적 선택임이 틀림없다.

영국이나 일본도 유사한 정책 기조를 유지하고 있다. 다만 나라별로 약간의 차이는 관찰된다. 영국은 중소기업 지원을 위한 대출제도에, 일본은 ETF 매입 규모를 늘리는 점에서 국가별로 약간의 차이를 보인다.

한국은 상대적으로 재정의 역할이 강조되는 가운데 역대 최대인 35조3000억원 규모의 3차 추경을 추진한 데 이어 4차 추경마저 집행했다. 이미 코로나19 사태 초기에 기업 도산 우려가 제기되면서 한국은행도 RP조작대상증권의 범위를 확대하는 등 채권시장의 마비를 방지하는 데 주력했다. 그 결과 시장작동을 마비시킬 수 있는 충격을 완화하는 데에는 성공했지만, 비대면 경제로 불가피한

미 연준 앞을 남성이
지나가고 있다.

양극화와 서민경제 붕괴에 대응하기 위한 족집게식의 정책수단은 마땅치 않다.

세계 금융위기 후 전 세계 주요 중앙은행들은 거의 유사한 양적완화 기조를 견지하고 있다. 세계적인 전염병 대유행 상황인데다가 다른 행보를 보일 경우 급격한 자금 유·출입을 통해 국가 차원의 안정 기조 유지가 실질적으로 불가능하기 때문이다. 문제는 이러한 조율된 선진국 중앙은행들의 정책 공조가 신흥 개도국에 미치는 영향이다.

기축통화국과는 달리 이들 신흥개도국은 금융시스템의 상당 부분을 선진 시스템에 의존하고 있다. 아직도 대부분 수출이라는 엔진으로 성장을 도모하고 있기 때문이다. 외화 유동성 관리와 해외 시장 접근은 안정 기조 유지에 결정적이다. 그런데 자체적으로 관리할 수 있는 유동성 공급과는 달리 시장마찰요인이 커질 수밖에 없는 국제 자본시장 환경 속에서 신흥국들에 필수적인 안정적 외화 펀딩은 쉽게 기대하기 어렵다.

특히 선진국 중앙은행들의 양적완화 지속은 중앙은행의 근간을 위협하는 요인으로 작용하게 된다. 일단 최악의 상황을 모면하는 차원의 노력은 인정하지만, 완화 일변도의 정책 기조를 지나치게 장기적으로 유지하다 보니 통화가치가 하락하고 금리 기간구조가 왜곡됐으며 각종 자산 거품이 커지면서 사회적인 공감대 유지를 위한 근간마저 흔들리고 있다.

전면적 양극화는 거시정책 수단을 활용하기 어려운 여건으로 연결되며 레거시 시스템(legacy system·기존의 낡은 체제)의 붕괴와 전면적 혼란사태 위험을 안고 있다. 시스템으로 해결 가능한 부분이 줄어들기 때문에 이를 정무적 판단과 정책 노력으로 상쇄해야 하고 이는 절대적인 자원 배분의 비효율성과 또 다른 개입의 필요성으로 이어질 수밖에 없다. 가장 핵심적인 신뢰 주체들이 자신들의 신뢰 토대를 지켜내기 어려운 상황으로 전개되면서 정치적 영향력에 더욱 의존하게 되는 체제적 악순환의 고리가 작동하기 시작했다.

자산 거품에 거는 희망 '머들링 스루(Muddling through)'

코로나19 사태로 주요국 중앙은행들의 양적완화가 전례 없는 규모로 진행된 이래 그 후유증에 관한 관심이 높아지고 있다. 양적완화는 제로 금리로 중앙은행의 금리정책이 여의치 않을 때 침체한 경기를 회복시키는 마지막 비전통적 통화정책 수단이다. 이제는 신흥시장의 중앙은행들마저 대규모 자산 매입 프로그램을 동원하면서 선진국의 그림자를 따르고 있다.

그렇지 않을 경우 자본 유입과 자국 화폐 절상, 그리고 자산 거품의 피해는

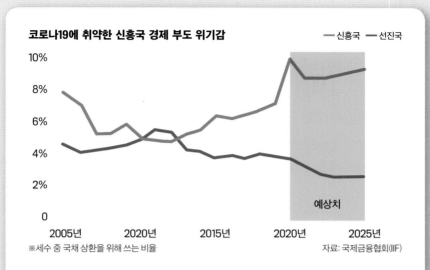

코로나19에 취약한 신흥국 경제 부도 위기감　　━ 신흥국　━ 선진국

10%

8%

6%

4%

2%

0

2005년　　2020년　　2015년　　2020년　　2025년

예상치

※세수 중 국채 상환을 위해 쓰는 비율

자료: 국제금융협회(IIF)

> "완화 일변도의 정책 기조를 지나치게 장기적으로
> 유지하다 보니 통화가치가 하락하고 금리 기간구조가
> 왜곡됐으며 각종 자산 거품이 커지고 있다."

미 증권거래소

중앙포토

불가피하기 때문이다. 국제 금융시스템의 핵심 주체가 세계적인 위기 이후 금융시장과 시장참여자를 대신할 만큼 존재감이 커진 데다, 설상가상의 코로나19 충격이 더해져 양적완화라는 무차별적 환경을 전 세계로 확산시키고 있다.

워낙 상황이 급박하게 돌아가는 와중에 중앙은행의 양적완화가 강화되다 보니 장기적 위험에 대해서는 파악조차 하기 힘든 상황이다. 특히 코로나19 사태로 모든 활동이 중단된 폐쇄시기(lockdown)를 거쳐 급격한 반등구간이 예상되기 때문에 경기 전망에 관한 시각도 매우 긍정적인 방향으로 흐를 가능성이 존재한다.

유동성 장세를 보이는 주식시장은 어떠한 부정적 뉴스도 극복할 만큼 본격적 거품 경기 국면으로 진입하고 있다. 금방 꺼지는 거품이 아니라 계속 이어지는 조그만 거품(clinging bubble)들의 연속이다.

정작 2021년 이후의 경기는 이러한 펜트업(pent-up·억눌렸다 급폭발하는) 수요가 현실화된 이후의 행방으로 나타나게 된다. 즉, 회복 국면 유지는 회복의 기저요인으로 작용했던 제반 반등요인들의 지속가능성에 달려있다. 기간에 따라 다른 판단이 가능하지만 조만간 그 동안의 팽창적 정책 기조로 배태된 거품을 관리하지 않으면 안 되는 상황을 예상할 수 있다.

따라서 경기 반등요인이 회복 동력으로 이어지기 쉽지 않다. 오히려 양극화로 인한 문제를 관리하는 데 또 다른 적자요인과 부작용을 회피하기 어렵다. 따라서 일단은 급한 불을 끄는 차원의 노력이 우선시될 수밖에 없다. 동시에 양적완화는 시장 안정과 대량 부도 사태 방지라는 긍정적 효과에 견줘, 금융시스템 왜곡, 거품 생성, 붕괴 과정 등이 수반될 수 있는 위험을 높이고 이후의 정책 선택 폭을 제한한다. 즉, 미래를 볼모로 취해지는 고육책이라는 점에서 앞으로의 양적완화 지속 여부는 어떤 파장을 낳을지 속단하기 어렵다. 기초여건의 회복이 어려운 상태에서 거품 전략의 분명한 한계다. 시간이 정해진 불쏘시개인 셈이다.

이러한 위험이 높아지는 데도 불구하고 양적완화가 장기화하면서 중앙은행 시스템에 대한 신뢰도 추락위험이 커지고 있다. 과거 인플레이션을 관리해온 신뢰 주체로서 취했던 단호한 정책 구사는 이제 불가능하게 됐다. 따라서 최근 논의되고 있는 CBDC(central bank digital currency·중앙은행 디지털화폐)는 단순히 디지털 세상에서의 기술 혁신이라는 측면보다는 중앙은행의 시장 위치를 유지하기 위한 자구책으로서의 의미도 가진다. 동시에 디지털 전환 과정에서 불가피한 대규모 구조조정의 수단으로 활용될 소지도 있다.

시계제로의 출구전략 '엔드게임(Endgame)'

기존 은행 중심의 금융시스템은 거듭된 위기와 깊어지는 중앙은행 개입, 그리고 새로운 디지털 환경에 진입하면서 근본적인 한계를 드러내 보인 셈이다. 즉, 과거의 한계를 넘어서 새로운 신뢰기반을 모색하는 중앙은행들이 지급결제분야의 주도권 확보 차원에서 디지털 수단을 강구하는 것은 불가피한 측면이 있다.

문제는 이번 코로나19 사태가 선진국에서 더욱 심각한 양상을 보이며 통화정책을 최대한 저금리 기조로 가져갈 수밖에 없으므로 거품의 생성과 붕괴 가능성도 과도할 정도로 신흥시장에 전가되기 쉽다.

특히 양적완화가 장기화하면 결국 국제 유동성의 과잉 현상이 자산시장 거품으로 이어지기 쉬운 신흥시장 경제에서 문제를 일으키기 쉽다. 즉 과도할 정도의 국제 유동성은 그 부작용이 자산선택의 폭이 좁고 부동산 외에는 투자 기회가 제한적인 신흥시장에서 거품 붕괴로 나타나기 쉬운 것이다. 당연히 모든 유·무형의 자산범주에 관계없이 거품화되는 위험이 본격화될 것이고 가상화폐와 지적재

산권 시장도 거품화되는 가능성마저 높아진다.

무엇보다도 양적완화 기조가 장기화할수록 향후 달러펀딩 시장의 심각한 충격이 신흥시장을 강타할 것으로 우려된다. 취약한 시장구조를 극복하지 못한 신흥시장과 선진시장의 괴리는 더욱 확대되기 마련이다. 그렇다고 양적완화를 종료하고 통화정책을 정상화하려는 시도가 보이는 순간부터 급격한 금리 상승과 거품붕괴 조짐이 현실화될 수밖에 없다.

이는 선진국 중앙은행으로서 최대한 피하고 싶은 시나리오이기 때문에 선진국과 개발 신흥구간의 격차와 신흥시장 침체의 역풍을 관리하기 위해서라도 연준은 최대한 점진적으로 금리 인상과 유동성 축소 노력을 조심스레 펴나갈 것으로 보인다. 거품의 위험성과 급격한 조정의 충격을 동시에 관리해나가야 하는 어려운 국면이 연준의 선택을 기다리고 있다.

이에 비해 양적완화와 관련해 또 다른 현실적 문제는 이례적 상황에서의 양적완화 정책을 쉽게 거두어들이기 어렵다는 점이다. 코로나 사태가 수습 가능성을 내비친다면 단기적으로 V자형의 유달리 뚜렷한 경기 반등을 기대하게 되는데 이럴 때도 중앙은행들이 양적완화 정책을 포기하기 어려울 것으로 보인다.

거품이 수반되는 양극화의 진전과 더불어 경기진폭의 확대는 불가피하다. 특히 부작용이 예상된다고 해도 앞으로 상당 기간 동안 중앙은행들의 정책 기조는 유동성 억제와 물가 관리보다는 경제 위축을 최대한 방지하는데 더 주력할 수밖에 없다. 상당 기간 양적완화와 제로금리가 지속할 가능성이 높은 이유는 디지털 경제로 전환하는 과정에서 기존의 모든 관계가 변화할 수밖에 없기 때문이다.

특히 양극화 심화가 불가피하게 돼 거시정책은 유효한 수단으로 간주하기 어렵다. 결과적으로 양적완화 전략의 성패는 자산 거품의 관리에 의존하게 돼 있다. 거품은 속성상 찌르는 순간 터지기 때문에 관리가 어려워서 양극화 심화는 불가피하며, 이는 경제정책만으로 해결하기 어려운 영역으로 발전하게 된다.

정작 문제는 달러 유동성의 공급경로가 여전히 우리가 직접 참여하기 힘든 폐쇄적 구조로 정착되고 있다는 점이다. 외화 유동성의 안정적 공급이 우리 경제에 결정적으로 중요한 상황에서 위에서 향후 양적완화 정책의 행방은 미국의 중앙은행인 연준의 결정에 영향을 받을 수밖에 없다. 연준이 자국 이익을 우선하는 결정을 내리더라도 달리 대응할 여지가 없다.

레거시 시스템의 붕괴 막는 기술·신뢰 구축 필요

아시아 지역의 외부 충격에 대한 취약도가 커지거나 방치된 상황에서 미국의 결정은 신흥시장에 감당하기 어려운 충격으로 파급되기 쉽다. 모든 것이 모든 것에 연결된 코로나19 사태 이후의 상황에서 특히 양극화와 고용부진 및 산업재편 과정에서 국제 양적완화와 같은 무차별적 거시정책은 더는 유효한 수단이 아니라 미래의 큰 부담으로 남게 될 것이다.

결론적으로 양적완화는 임시 방편이지 절대로 구조적 처방이 되기 어렵다. 구조적 처방은 부실이 처리돼 새로운 자금이 미래 프로젝트에 흘러갈 수 있어야 가능하다. 어떻게 돈의 흐름을 관장하는 금융배관(financial plumbing)을 원활히 끌어낼 것인가에 관해 모두의 지혜를 동원해야 한다. 디지털 전환을 통해 새로운 경제를 도모하는 상황에서 기존 금융은 제 역할을 하지 못하고 있다.

오히려 레거시 체제의 붕괴를 막는 노력이 새로운 경제의 발전을 저해하는 요인으로 작용하고 있다. 그만큼 레거시 체제는 기본적인 발상부터 전환해야 하는 엄청난 도전에 직면해있다. 동시에 새로운 대안들은 기술적 가능성에만 치중하지 말고 꾸준히 폭넓은 시장신뢰 구축을 위해 자발적인 노력을 강화해야 한다. 大예토

원화 강세 지속될까?

YES 70% NO

백석현 신한은행 이코노미스트

외환시장은 격동의 2020년을 보냈다. 신종 코로나바이러스 감염증(코로나 19) 창궐로 금융 여건이 급속히 위축되던 시기에 원유 시장 충격까지 덮치면서 금융시장은 일대 공황에 빠졌다. 달러화 가격이 솟구쳐 오르면서 미국 연방준비제도(Fed·연준)가 긴급하게 유동성을 투입했으나 초기에는 시장을 달래는 데 역부족이었다.

하지만 연준이 정책의 폭과 깊이를 더하면서 결국 금융시장도 안정을 되찾았다. 달러화의 위력을 실감한 시간이었다. 전세계에서 통화정책과 재정정책이 총동원된 가운데 각국이 방역 태세를 정비했고, 경제 주체들도 코로나19 시대에 차차 적응해 갔다. 재유행이 본격화되던 2020년 11월에는 마침 전해진 백신 개발의 고무적인 중간 결과에 백신의 상용화와 보급에 대한 낙관론이 커지면서, 금

외환시장에서는 코로나
19를 전후로 많은 변화가
나타났다. 사진은 코로나가
덮친 파리 시내 모습

융시장은 악재(재유행)보다 호재(백신)에 반응했다.

코로나19를 전후로 많은 변화가 나타났다. 세계 경제의 주도권이 산업화 시대의 기술을 가진 자로부터 디지털 시대의 기술을 선점한 자에게 이전되고 있었는데, 코로나19가 이 변화를 더욱 가속화했다. 주식시장은 이 신기술을 선도하며 무한한 확장성을 품은 공룡 기업들에 열광했다. 미국에서는 나스닥 기술주가 무섭게 상승했고 한국에서는 네이버와 카카오 같은 주식이 대표주로 떠올랐다.

외환시장에서는 코로나19를 분수령으로 달러화가 정점을 기록한 뒤 내리막길을 걷기 시작했다. 미국 연준의 파격적이고 전폭적인 유동성 공급이 달러화 약세 환경을 조성했고, 중국 경제가 코로나19 시국을 가장 빨리 떨치고 일어나면서 위안화가 상승해 달러화 약세를 부추기는데 힘을 보탰다. 또, 미국 대선에서

연평균 원달러 환율과 연간 거래 범위

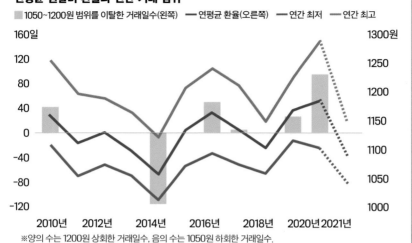

■ 1050~1200원 범위를 이탈한 거래일수(왼쪽) ── 연평균 환율(오른쪽) ── 연간 최저 ── 연간 최고

※양의 수는 1200원 상회한 거래일수, 음의 수는 1050원 하회한 거래일수.

팬데믹은 3차 달러 강세기 종결의 신호탄

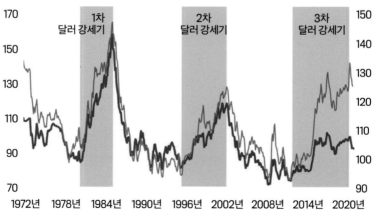

── 달러화 인덱스(왼쪽) ── 달러화 실질실효 환율(오른쪽)

1차 달러 강세기
2차 달러 강세기
3차 달러 강세기

자료: Refinitiv

는 바이든 후보가 트럼프 대통령을 누르고 당선되면서 원화 등 신흥국 통화의 강세에 힘이 실렸다.

달러화 약세 원화 강세 흐름은 계속될 전망

미국·중국의 마찰과 함께 세계 공급망이 재편되는 역풍 속에서도, 세계 경제의 중심은 아시아로 넘어오고 있다. 중국이 주도해 아시아·태평양 15개국이 참여한 세계 최대 자유무역협정인 역내포괄적경제동반자협정(RCEP)은 아시아의 경제 엔진을 한층 향상시켜줄 것으로 예상된다. 반면, 미국은 오바마 정부가 주도적으로 추진했으나 트럼프가 탈퇴했던 TPP(환태평양경제동반자협정. 미국이 빠지면서 CPTPP로 변경) 재가입을 망설일 수 밖에 없다. 제조업 일자리 창출을 우선하는 미국에게 자유무역협정은 부담이기에, 어려운 선택에 직면해 있다. 중국을 견제하기 위해 자유진영 국가를 중심으로 한 국제 협약에 참여할 유인은 크지만, 미국 내 정치적 부담이 발목을 잡는 것이다.

2021년에도 원화 강세(환율 하락)는 생명력을 이어갈 전망이다. 백신의 상용화·보급이 확대되면 세계 경제가 정상화되리라는 기대가 커지면서, 시장 관심은 기술주에서 반도체 등 경기순환주로 옮겨 가고 있다. 4차 산업혁명의 핵심 소재인 반도체, 전기 자동차 붐에 올라 탄 배터리 산업 등에서 한국 기술이 경쟁력을 지키고 있어 한국 주식시장에 대한 시선도 긍정적이다.

세계 경제가 선순환되기 시작하면 수출 의존도가 높은 한국 경제는 더욱 탄력을 받을 것이고, 아시아가 가장 견조한 회복세를 구가하면서 원화 강세가 동반될 전망이다. 원화 가격에 중대한 영향을 미치는 중국 경제에 대한 시각도 긍정적이다. 중국이 자본시장의 개방과 선진화를 꾀하면서 위안화 위상을 격상시키는 데 중점을 두는 데다, 중국 국채가 주요 벤치마크(Benchmark·기준지표)에 단계적으로 편입되고 있어 위안화 가치도 더욱 상승할 것으로 기대된다.

특히 바이든 당선인은 지난 정부가 부과한 관세 조치에 부정적인 입장이기에, 무역 위험성이 경감돼 한국 등 아시아의 수출 환경에 긍정적 요인이 된다. 다만 중국과의 협상에서 미국이 기존 관세를 지렛대로 활용할 수 있기 때문에, 협상도 하기 전에 서둘러 철회하지는 않을 것으로 보인다. 또, 미국 연준은 완전 고용을 회복할 때까지 부양 기조를 늦추지 않는 것은 물론, 중장기 금리가 상승할 경우 더욱 적극적인 정책을 취하면서 시중 금리 상승을 억제할 것으로 예상된다. 이는 달러화의 하향 안정화를 뒷받침할 것이다.

다만 이미 높아진 기대를 감안하면, 백신 상용화 후 세계 경제 회복세는 미흡할 수 있다. 미국 바이든 정부가 중국과 관계를 재정립하는 과정에서도 불협화음이 생기면서 환율 하락에 걸림돌이 될 수 있다. 바이든은 과거 기고문에서, 중국을 거칠게 다뤄야 한다는 인식을 드러냈다("The United States does need to get tough with China"). 트럼프 시대와는 다른 방식으로 미·중 간 긴장이 고조될 수도 있다.

북한 리스크, 부수적 변수에 그칠 듯

환율에도 영향을 미치는 북·미 관계에서는 한동안 잠잠했던 북한의 악당 이미지가 다시 부각될 것으로 예상된다. 북한은 미국의 새 대통령 임기 초반에 적극적으로 도발을 감행했다. 2009년 오바마 대통령 취임 초기에는 2차 핵실험을 강행했다. 2013년 오바마 2기 초반에도 북한발 위험 요인들이 부각됐다.

2017년 1월 트럼프 대통령 취임 이후로는 1년간 무려 15차례의 미사일 도발

바이든 정부의 초대 국무장관인 토니 블링컨은 대북 강경파 인물로 꼽힌다.

과 한 차례의 핵 실험을 단행했다. 설전도 뜨거웠다. 그런데, 무모해 보였던 북한의 도발은 결국 즉흥적인 트럼프 대통령에게 통했다. 사상 첫 북·미 정상회담으로 이어졌고, 북한이 정상간 직거래를 시도할 수 있었다.

하지만 트럼프와 달리 바이든은 비핵화의 실질적인 조치 없이 북한 지도자와 소통할 필요성을 느끼지 못한다. 바이든 정부에게 북한 문제는 한참 후순위에 있는 데다, 국무장관으로 내정된 토니 블링컨은 대북 강경파로 유명하다. 결국 북한 지도부는 미국과 소통에 어려움을 겪을 것이고, 북한의 도발에 따른 지정학적 위험 요소가 다시 수면 위로 드러날 수 있다.

외환시장 관점에서 2017년 트럼프 정부 임기 첫 해 북한의 무수한 도발은 찻잔 속의 태풍에 그쳤다. 2017년은 세계 경제가 동반 회복되며 달러화 약세가 두

세계 경제 어디로 원화 강세 지속될까? **111**

드러졌던 시기였는데, 9월 첫 주말 북한의 핵실험 후 한 달간 환율이 27원 상승했지만 한 달이 지나자 다시 하락해 4개월간 90원 이상 추가 하락했었다. 경험상 북한 관련 지정학적 위험성은 외환시장에 부수적 변수로 그칠 가능성이 높다.

원·엔 환율 추가 하락 가능

일본 엔화는 안전자산 성격이 강해 시장 심리에 좌우되기도 하지만, 한편으로는 미국 경제와 통화정책에 특히 민감하다. 따라서 미국 연준의 통화정책이 중요한데, 미국 통화정책이 긴축적이면 엔화가 약세를 보이고 완화적이면 엔화가 강세를 보이는 경향이 강하다. 2008년 세계 금융위기 직후에도 연준이 초완화적인 정책을 펼친 탓에, 엔화는 초강세였다. 당시 엔화의 초강세는 아베 총리 재집권 후 일본중앙은행(Bank Of Japan)이 총대를 메고 연준보다 더욱 급진적인 정책으로 엔화 방향성을 되돌릴 때까지 5년이나 지속됐다. 당시와 달라진 것은 일본중앙은행이 아직까지 완화적인 정책을 지속하고 있다는 것과 원화 강세 압력 역시 만만치 않다는 것이다.

금융시장은 현재의 상황보다 변화의 방향에 훨씬 민감하다. 미국과 일본의 통화정책에서 변화의 동력은 미국에서 나타났고 이 전환 국면은 2021년에도 지속할 것으로 예상된다. 따라서, 엔화가 달러화에는 상대적 강세를 유지할 전망이다. 엔화와 원화를 비교해도 변화의 동력은 원화에 있다. 중국 경제의 조기 회복, 미국 새 정부에서의 무역 위험성 경감 기대, 세계 경제의 정상화 기대와 이에 동반된 반도체 등 경기순환주의 반등 기대는 내수 비중이 큰 일본보다 무역의존도가 큰 한국 경제에 성장 기회를 제공한다.

2021년 일본에서는 1년 미뤄진 도쿄 올림픽이 7월에 개최될 예정이고, 아베

원엔환율 및 원유로 환율 추이

단위: 원

— 원유로 환율(왼쪽) — 원엔 환율(100엔, 오른쪽)

왼쪽	오른쪽
2000	1700
1900	1600
1800	1500
1700	1400
1600	1300
1500	1200
1400	1100
1300	1000
1200	900
	800

2008년   2010년   2012년   2014년   2016년   2018년   2020년

자료: Refinitiv

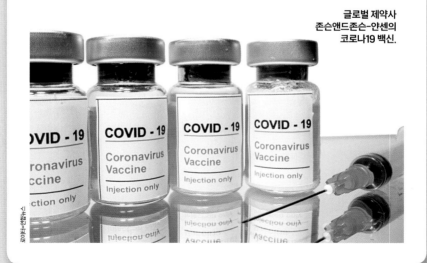

글로벌 제약사
존슨앤드존슨-얀센의
코로나19 백신.

사진=연합뉴스

전 총리의 임기를 이어 받은 스가 총리의 임기가 2021년 9월 말로 종료된다. 올림픽 정상 개최 여부가 그 자체로 엔화 가치에 의미 있는 변화를 만들지는 못할 것이다. 다만, 올림픽이 무리 없이 예정대로 개최된다면 전세계 경제활동이 정상화되는 하나의 증거가 될 수 있어, 내외 금리차에 민감한 엔화의 하락이 동반되는 상황일 수는 있다.

과도기 총리로 인식되는 스가 총리가 집권 기반을 강화할 수 있을지도 관심사다. 아베의 그림자를 벗어나 스가 체제가 생명을 연장할지, 징검다리 총리에 그칠지 미지수다. 코로나19 대응을 우선시해 조기 총선에 선을 긋고 있지만, 적절한 시기를 엿보며 결단을 내릴 수 있다. 하지만, 아베 총리 시대와 달리 스가의 집권 여부가 엔화에 미치는 영향은 제한적이 될 전망이다. 결론적으로 일본 변수의 영향력은 제한되고 원화 자체의 동력이 원·엔 환율의 방향성을 이끌면서, 원화가 상대적으로 강세를 보일 것으로 예상한다.

동력 잃은 유로화, 동력 얻은 원화

유럽은 전역에서 코로나19 확진자가 대거 발생한 데다, 상대적으로 경제 비중이 높은 관광 산업과, 전환기에 있는 자동차 산업이 직격탄을 맞으면서 선진국 중 경제 활동의 위축 정도가 가장 심했다. 그럼에도, 유럽연합(EU) 차원의 예산 지출과 유로존 중앙은행(ECB)의 대응에는 회원국의 합의가 필요해 정책적 지원이 지체됐다.

2020년 7월 진통 끝에 EU 차원에서 코로나19에 대응하는 공동 회복 기금 마련에 합의하면서, 회원국들의 재정 통합에 마침내 첫 발을 내디뎠다는 평가를 받으며 유로화가 급등하기도 했다. 이로써, 7500억 유로의 회복 기금을 마련하기 위해 2021년부터 2026년까지 EU 채권을 발행한다. 기존에 없던 EU 채권의 출현으로 새로운 운용기준지표에 대한 기대도 생겼지만, 조달 기간이 한정된 만큼 영구적 체계로 정착될 지는 두고 봐야 한다. 게다가 폴란드·헝가리 등 동유럽이 딴지를 걸고 있어, 집행도 다소 지연될 수 있다.

이 회복 기금 마련 합의에 외환시장이 환호하면서 원·유로 환율은 2020년 여름 1400원을 넘나들었지만 딱 거기까지였다. 유로존이 디플레이션(deflation) 진입 경계에 위치한 상황에 유로화가 급등하자 유럽중앙은행(ECB·European Central Bank)가 막아서기 시작했다. 유럽 경제의 반등은 상대적으로 평범했고 10월 이후 코로나19가 유럽에서 다시 기승을 부리면서 유로화는 힘을 잃었다.

이러한 흐름은 2021년에도 지속될 것으로 예상된다. 유로화가 성장 발판을 잃은 사이, 원화가 이를 이어 받았다. 친환경 산업은 유럽이 주도하고 있지만, 수익성 측면에서 미흡해 유럽 경제의 성장 동력으로는 모자람이 있다. 또, 중국을 견제하려는 미국과 유럽이 공동 전선을 형성하면서 중국과 마찰이 생길 여지도 있다. ECB의 완화정책이 달러화 못지 않은 유로화 약세를 뒷받침하면서 원·유로 환율은 하단을 더욱 낮출 것으로 예상된다. 🔵

국제유가
더 떨어질까?

YES   **NO 80%**

이창훈 기자

모든 건 신종 코로나바이러스 감염증(코로나19)에 달렸다. 국제유가도 예외는 아니다. 2021년에 코로나19 사태가 종결될 수 있느냐에 따라 국제유가의 향방도 결정된다는 얘기다. 코로나19 백신이 코로나19 재앙을 종식한다면 폭락한 국제유가 역시 빠르게 회복될 가능성이 높다. 미국 제약사 화이자가 코로나19 백신 임상시험 3상을 마치고 미국 식품의약국(FDA)에 코로나19 백신 긴급사용 승인을 신청한 11월 국제유가도 폭등했다.

현재까진 신중론이 대세다. 2021년 코로나19 백신이 전 세계적으로 보급돼도 코로나19의 여진은 이어질 것이란 관측이 우세하다. 이에 따라 국제유가 역시 코로나19 사태 전인 배럴 당 60달러 수준까지 회복되긴 쉽지 않을 것이란 회의론이 많다. 전세계 석유회사들은 2021년 국제유가를 50달러에서 55달러 정도

미국 텍사주에 있는
원유 시추기 모습

로이터=연합뉴스

로 내다보고 있다.

코로나19 백신으로 전 세계가 코로나19와의 전쟁에서 주도권을 쥐는 분위기다. 미국 제약사 화이자·모더나 등이 코로나19 예방 효과가 90% 이상인 백신 개발에 성공했고, 중국·러시아 등도 자국산 백신을 보유 중이다. 미국과 유럽연합(EU) 등은 이미 수십억 회 분의 코로나19 백신을 확보한 상태다. 우르줄라 폰 데어 라이엔(Ursula von der Leyen) EU 집행위원회 위원장은 "터널 끝에 마침내 빛이 보인다"며 전 세계를 휩쓴 코로나19가 종식될 수 있다는 기대감을 내비쳤다.

코로나19 백신으로 코로나19 사태가 진정될 가능성이 엿보이면서, 국제유가 역시 상승 흐름을 보인다. 화이자의 코로나19 백신 개발과 미국 식품의약국

해외 주요 기관 2021년 브렌트유 전망

※배럴당 달러

	2021년 상반기	2021년 하반기	2021년 연간
미국 에너지정보청	44.5 달러	48.5 달러	46.6 달러
IHS 마킷	43.7 달러	50.0 달러	46.9 달러
영국 옥스퍼드경제연구소	44.5 달러	51.7 달러	48.0 달러

자료: 한국은행

국제에너지기구(IEA)와 석유수출국기구(OPEC)의 2021년 석유 수요 전망

	2021년 1분기	2021년 2분기	2021년 3분기	2021년 4분기
IEA 전망	9492만 배럴	9583만 배럴	9843만 배럴	9907만 배럴
OPEC 전망	9496만 배럴	9630만 배럴	9661만 배럴	9709만 배럴

※일일 수요량 기준

자료: 에너지경제연구원

> "코로나19 백신으로 코로나19 사태가 진정될 가능성이
> 엿보이면서, 국제유가 역시 상승 흐름을 보인다.
> 2021년 국제유가가 상승할 것이란 기대감 속에 반등 폭은
> 제한적일 것이란 신중론이 우세하다."

최근 3년간 국제유가 현황

※배럴당 달러, 기간 평균

	2018년	2019년	2020년 11월
서부 텍사스산 원유	64.8 달러	57.0 달러	41.4 달러
브렌트유	71.6 달러	63.5 달러	42.8 달러
두바이유	69.5 달러	64.2 달러	39.6 달러

※11월은 17일 기준

자료: 한국석유공사

(FDA)의 긴급사용 승인 신청이 알려지자 국제유가도 요동쳤다. 현지시각 2020년 11월 25일 뉴욕상업거래소(NYMEX)에서 거래된 2021년 1월 인도분 서부텍사스산 원유(WTI)는 배럴당 45.71달러에 장을 마감해 8개월 만에 최고점을 찍었다. 코로나19로 폭락을 거듭하며 2020년 4월 20일 WTI가 배럴당 -37.63달러에 거래됐던 사상 초유의 마이너스 국제유가 사태를 고려하면 확실히 회복된 분위기다. 미국 에너지정보청(EIA)에 따르면 배럴당 WTI 추이는 2020년 2분기 28.0 달러에서 3분기 40.9 달러까지 상승했다.

국제유가 반등 기대 속 신중론

코로나19 이후 고전을 면치 못하고 있던 국내 정유회사 주가가 회복세를 보이는 점도 국제유가 상승 전망에 힘을 실어주고 있다. SK이노베이션 주가는 2020년 11월 2일 11만9500원까지 하락했다가 11월 27일 18만1500원으로 회복됐다. 에쓰오일 주가 역시 2020년 9월 24일 5만300원까지 주저앉았으나, 11월 25일에 7만4100원까지 올랐다. 국제유가 폭락으로 대규모 손실을 본 정유회사들이 국제유가 상승으로 부진의 늪을 점차 벗어나자 주가도 상승 곡선을 그리고 있다.

2021년 국제유가가 상승할 것이란 기대감 속에 반등 폭은 제한적일 것이란 신중론이 우세하다. 산업연구원은 11월 '2021년 경제·산업 전망'을 내고 "세계 경기 회복에 따른 수요 증가와 산유국들의 공급량 조절 등으로 국제유가 상승이 예상되지만, 코로나19의 불확실성으로 소폭 상승에 그칠 것"이라고 전망했다.

산업연구원은 2021년 국제유가가 배럴당 47달러 수준일 것으로 내다봤다. 한국개발연구원은 2021년 국제유가가 40달러 중후반 수준을 유지할 것으로 예상했다. 코로나19 확진자 수 증가로 경기 하방 압력이 높아지면서 국제유가도 불안정한 모습을 보일 것이라고 평가했다.

해외 주요 기관들도 2021년 국제유가가 완만하게 상승할 것으로 내다보고 있다. 미국에너지정보청(EIA)은 브렌트유 기준으로 2021년 상반기 국제유가는 배럴당 44.5달러, 하반기는 배럴당 48.5달러로, 2021년 국제유가는 배럴당 46.6달러에 머물 것으로 전망했다. 국제시장조사업체 IHS 마킷 역시 같은 기준으로 2021년 상반기 국제유가는 43.7달러, 하반기는 50.0달러를 각각 기록해 2021년 국제유가가 46.9달러일 것으로 예상했다. 같은 기준으로 영국 옥스퍼드 경제연구소(OEF)는 2021년 상반기 국제유가가 44.5달러, 하반기 51.7달러로 2021년 국제유가가 48.0달러라고 관측했다.

코로나·바이든·OPEC, 국제유가 등락 가를 3대 변수

2021년 국제유가의 향방을 가를 가장 큰 요인은 코로나19다. 전 세계적인 백신 보급으로 코로나19가 얼마나 진정되느냐에 따라 원유 수요 회복 수준도 결정되기 때문이다. 국제에너지기구(IEA)는 11월 발표한 석유시장 보고서에서 코로나19 백신이 보급돼도 2021년 말 이전에 석유 시장이 회복될 가능성은 작다고 평가했다.

IEA는 2021년 중반에서야 코로나19 백신의 실질적인 효과가 나타날 것으로 예상하는 만큼, 백신 보급으로 경제 활동이 재개되고 이를 통해 원유 수요가 회복되는 시점은 2021년 하반기라고 예측했다. IEA는 2021년 세계 석유 수요가 일일 9708만 배럴일 것으로 전망했다. 이는 IEA가 집계한 2019년 세계 석유 수요(일일 1억5만 배럴)보다 약 300만 배럴 부족한 수치다.

석유수출국기구(OPEC) 역시 11월 발표한 석유시장 보고서에서 2020년 하반기 미국과 유럽 등에서 코로나19 신규 감염이 지속 증가하고 있어, 세계 석유 수요 회복이 상당히 더딜 것이라고 관측했다. OPEC은 수송 부문과 산업 부문 등에서의 연료 수요 감소는 2021년 중반까지 지속될 것이라고 전망했다. OPEC은 2021년 세계 석유 수요가 일일 9626만 배럴이라고 예측했는데, 이는 OPEC이 집계한 2019년 세계 석유 수요(일일 9976만 배럴)보다 350만 배럴 감소한 규모다. IEA와 OPEC 모두 2021년 석유 수요가 코로나19 이전인 2019년 수준까지 회복되긴 어렵다고 판단한 것이다.

2021년 1월 출범하는 조 바이든 미국 행정부도 국제유가의 주요 변수 가운데 하나로 꼽힌다. 바이든 정부의 친환경 정책으로 세계 최대 산유국인 미국의 원유 생산량 규모가 달라질 수 있기 때문이다. 바이든 당선인은 도널드 트럼프 미국 대통령 재임 기간에 해제된 생태계 보호를 위한 영구 시추 제한 지역을 재지정하고 전통 에너지 산업에 대한 보조금을 축소하는 등의 정책을 추진한다고 밝힌 상태다. 바이든 당선인이 공약대로 친환경 정책을 밀어붙일 경우, 미국의 원유 생산량 감소로 국제유가 상승폭이 커질 가능성이 있다.

대한상공회의소가 국내 제조업체 300개사를 대상으로 '바이든 정부 출범의 산업계 영향과 대응과제'를 조사한 결과, 바이든 당선인의 친환경 정책이 국제유가 상승 요인으로 작용할 것이란 응답이 많았다. 바이든 정부의 친환경 정책이 국제유가에 미치는 영향과 관련한 질문에서 셰일가스 개발 억제, 원유 공급 축소 등으로 국제유가가 올라갈 것이라고 응답한 비율은 전체의 69.3%에 달했다. 이에 비해 친환경 정책으로 청정 에너지 사용이 늘어나 국제유가가 떨어질 것이란 응답은 전체의 30.7%에 불과했다.

물론 바이든 당선인이 유세 시절 내건 다소 급진적인 친환경 정책이 실제 실현되긴 쉽지 않을 것이란 전망도 있다. 바이든 당선인의 친환경 정책에 대한 미국 내 반발이 극심하기 때문이다. 대표적인 것이 신규 시추 금지 공약이다. 바이든 당선인은 프래킹(fracking) 전면 금지 공약을 내걸었다가 석유업체 등의 반발이 거세지자 "석유회사에 보조금을 주지 않겠다는 것이지 프래킹을 금지한다는 것은 아니다"며 한발 물러섰다. 프래킹은 고압으로 액체를 분사해 원유를 채굴하는 수압 파쇄법으로 환경 파괴 논란의 쟁점이기도 하다.

바이든 당선인이 이란·베네수엘라와의 외교 관계 정상화 공약을 내건 것도 국제유가의 주요 변수로 꼽힌다. 트럼프 대통령이 2018년 5월 이란 핵협정(JCPOA·포괄적 공동행동계획)을 탈퇴하고 이란과 베네수엘라 등을 상대로 경제 제재에 돌입하면서, 이들 국가의 원유 수출은 일일 300만 배럴로 감소했다. 세계 원유 공급의 약 3%가 줄어든 것이다.

바이든 당선인의 공약대로 미국과 이란·베네수엘라의 외교 관계가 복원되면, 이들 국가의 석유 시장 복귀로 석유 공급이 늘어 국제유가도 하락할 가능성이 높다. 한국은행은 2020년 11월 발표한 경제 전망 보고서에서 바이든 정부의 출범으로 이란에 대한 미국의 수출 제재가 완화될 가능성이 국제유가 하락 요인으로 작용하고 있다고 분석했다.

다만 이란의 핵 개발 프로그램을 주도한 과학자가 암살되는 사건으로 중동 지역에 또다시 전운이 감돌면서 바이든 정부의 대(對)이란 외교 정상화 정책에도 차질이 생길 수 있다고 우려한다. 하산 로하니 이란 대통령은 이란의 핵 아버지라고 불린 모센 파크리자데 암살의 배후로 이스라엘을 지목했다. 로하니 대통령은 "세계의 오만한 세력(global arrogance)과 그 용병인 시오니스트 정권의 사악한 손에 이 나라 아들의 피가 묻었다"고 말했는데, 세계의 오만한 세력은 미국, 시오니스트 정권은 이스라엘을 지칭하는 표현이다.

조 바이든 미국
대통령 당선인

　OPEC의 13개국과 러시아 등 세계 주요 산유국 10개 국가의 연대체인 OPEC+의 감산 규모 축소도 국제유가에 큰 영향을 미치는 변수다. OPEC+는 코로나19 사태로 국제유가가 폭락하자 5~6월 일일 970만 배럴 감산에 합의했고, 이후 감산 규모를 축소해 7월부터 일일 770만 배럴씩 감산하고 있다.

　그러나 OPEC+가 2021년 1월부터 일일 50만 배럴을 증산하는데 합의하면서 감산 규모는 일일 720만 배럴로 조정됐다. 당초 계획인 일일 200만 배럴 증산과 비교해 4분의 1 수준의 증산 폭이라 국제유가 하락은 제한적이지만, 2021년에 감산 규모를 대폭 축소할 경우 국제유가도 급락할 가능성이 있다. 이 외에도 OPEC+의 감산 합의 이행의 예외 국가인 리비아가 원유 생산을 늘리고 있는 것도 국제유가 하락 요인으로 꼽는다. 大예醫

3

한국 경제 어디로

한국은 2020년에 코로나19 방역과 경제활동 유지에 선방한 덕에 2021년 경제 회복에 속도를 낼 수 있게 됐다. 국내외에선 2021년 한국 경제성장률을 2~3%대로 전망할 정도다. 수출과 설비투자 회복세가 예상보다 빠르기 때문이다. 하지만 난관이 예상된다 폐업·실업·고용불안 증가로 국내 경기침체의 골이 깊어졌다. 정부가 경기 부양을 위해 푼 돈이 부동산과 주식에 쏠리면서 거품을 야기하고 있다. 비정상적인 가계대출 폭증으로 경고등까지 켜진 상태다. 이 문제들이 방아쇠를 당기기 전에 해법을 찾아야 한다.

2%대 성장률
회복할까?

YES 80%　　NO

허정연 기자

2020년 한 해는 신종 코로나바이러스 감염증(코로나19)의 여파로 한국 경제 성장률이 22년 만에 역성장이 가시화됐다. 대내외 연구기관 모두 -1% 내외를 예상하는 가운데 정부도 성장률 전망을 11년 만에 '마이너스'로 수정할 가능성이 점쳐진다. 아직 절망하긴 이르다. 2021년 코로나19 백신과 치료제가 빠르게 보급돼 사태가 점차 진정된다는 전제하에 반도체 수출과 기저효과 등으로 인해 완만한 회복이 가능할 것으로 보인다.

한국은행은 2020년 11월 30일 2020년 한국경제 성장률을 -1.1%로 전망했다. 정부를 제외한 모든 연구기관이 2020년 마이너스 성장을 예측했다. 정부는 2020년 6월 한국경제 성장률 전망치를 0.1%로 전망했으며 12월 경제정책 방향을 통해 성장률 전망치를 조정했다. 역성장은 가시화될 예정이다.

코로나19
선별진료소

운영시간

평일(월~금)
09:00~12:00
14:00~16:30

주말(토,일) / 공휴일
09:00~12:00

☎ 문의 및 상담
042-288-450□

2020년 12월 대전의
한 보건소에 마련된
신종 코로나바이러스
감염증(코로나19)
선별진료소를 찾은 시민들이
의료진의 검사를 받고 있다.

소독중

해외입국자 및
자체격리자

　한국 경제가 역성장을 경험한 해는 1980년(-1.6%), 1998년(-5.1%)뿐이다. 코로나19로 주저앉은 한국경제가 2020년 3분기 반등에 성공했지만 3차 코로나 재확산이 다시 발목을 잡았다. 3차 재확산으로 인해 내수경제가 타격을 입을 것으로 예상하면서 불운의 그림자가 짙어졌다. 3차 재확산은 1차 재확산보다는 덜하지만 2차 재확산보다는 심각한 타격을 줄 것으로 보고 있다.

　그러나 다른 나라에 비하면 2020년 한국 경제가 선방했다는 것이 대체적인 평가다. 국제통화기금(IMF)은 2020년 세계 경제 성장률을 -4.4%로 전망했는데 스페인(-12.8%), 이탈리아(-10.6%), 프랑스(-9.8%), 독일(-6.0%), 일본(-5.3%), 미국(-4.3%) 등 대부분 국가의 역성장을 예상했다. 한국도 -1.9%로 내다봤지만, 주요국 중 플러스 성장을 전망한 중국(1.9%)에 이어 두 번째로 높다. 경제협력개발

2021년 국내 경제 전망

단위: %

구분	2019년 연간	2020년			2021년(E)		
		상반기	하반기(E)	연간(E)	상반기	하반기	연간
경제성장률	2.0%	-0.7	-0.9	-0.8	2.6	3.4	3.0
민간소비	1.7%	-4.4	-4.0	-4.2	4.1	3.9	4.0
건설투자	-2.5%	1.7	-1.3	0.2	0.5	3.2	1.9
설배투자	-7.5%	5.6	4.7	5.2	4.6	7.2	5.9
수출증가율	-10.4%	-11.3	-1.4	-6.3	8.7	11.4	10.1
소비자물가	0.4%	0.6	0.8	0.7	1.0	1.4	1.2
실업률	3.8	4.3	3.5	3.9	4.2	3.2	3.7

※실적치는 한국은행·통계청·무역협회, 2020년 하반기 및 2021년 전망치는 현대경제연구원.

자료: 현대경제연구원

국제통화기금(IMF) 세계 경제성장률 전망

단위: %

구분	2019년	2020년		2021년(E)	
		4월	6월	4월	6월
세계	2.9	-3.0	-4.9	5.8	5.4
선진국	1.7	-6.1	-8.0	4.5	4.8
미국	2.3	-5.9	-8.0	4.7	4.5
유로존	1.3	-7.5	-10.2	4.7	6.0
일본	0.7	-5.2	-5.8	3.0	2.4
한국	2.0	-1.2	-2.1	3.4	3.0
신흥개도국	3.7	-1.0	-3.0	6.6	5.9
중국	6.1	1.2	1.0	9.2	8.2
인도	4.2	1.9	-4.5	7.4	6.0

※2020년 6월 24일 IMF 세계 경제 전망 보고서 수정본 기준

자료: IMF

기구(OECD)는 한국의 성장률 전망치를 -1.0%로 보고 있다. 이는 37개 회원국 중 가장 높은 수치다. G20(주요 20개국) 중에서 유일하게 플러스 성장을 이룰 것으로 보이는 중국(1.8%) 다음으로 전망치가 높다.

22년 만에 마이너스 성장을 피할 순 없지만 2021년에 2%대 성장률을 회복하는 건 어렵지 않아 보인다. IMF는 2020년 한국의 국내총생산(GDP) 규모가 세계 10위를 차지할 것으로 관측했다. IMF는 최근 세계 경제전망 보고서에서 한국의 2020년 GDP가 1조5868억 달러로 전 세계에서 열 번째로 높을 것이라고 내다봤다. 이는 2019년의 12위보다 두 계단 상승하는 것이다. 한국이 10위 복귀가 가능한 것은 코로나19 사태로 인한 세계 경기 침체의 영향을 비교적 적게 받았다는 뜻으로 풀이된다.

22년 만에 역성장 가시화…세계 경기 하락 속 '선방'

국내외 주요 기관들은 우리나라의 2021년 경제 성장률을 3% 안팎으로 전망했다. 한국은행 3.0%, 한국개발연구원(KDI) 3.1%, 아시아개발은행(ADB) 3.3%, OECD 2.8%를 예상했다. 이들 기관은 내년 상반기에는 코로나19 백신 접종이 가능하게 되면서, 감염 확산 우려가 완화돼 사회적 봉쇄가 완화될 것이라는 점을 전제했다. 팬데믹(코로나19의 세계적 대유행) 해소로 소비가 진작될 것으로 판단했다. 산업연구원은 2021년 통관 수출 규모를 2020년보다 11.2% 증가한 5608억 달러로 예측했고, 민간소비는 3.0% 성장률을 보일 것으로 예단했다. 자본시장연구원은 민간소비 성장률은 3.2%, 총수출이 4.4% 늘어날 것이라고 밝혔다.

그러나 이들 기관의 내년도 전망은 코로나19 확산이 더 나빠지지 않는다는 전제에 따른 것이다. 팬데믹이 예상보다 장기화할 경우 예상치 추가 하향은 불가피하다. 이주열 한국은행 총재는 2020년 11월 금융통화위원회 직후 열린 기자간담회에서 "확진자 증가로 사회적 거리 두기 2.5단계가 시행된다면 한은의 성장률 전망도 수정될 수 있다"고 지적했다.

강현주 자본시장연구원 거시금융실장은 "기저효과와 백신 개발에 따른 소비심리 개선으로 민간소비 3.2%, 반도체 등 제조업의 회복세로 설비투자 4.4%, 주택건설 부진이 완화돼 건설투자가 1.2% 늘어날 것"이라며 "수출은 세계 경제 회복세에 힘입어 4.8% 증가, 뚜렷한 회복세를 나타낼 전망"이라고 말했다. 홍성욱 산업연구원 연구위원도 "내년 설비투자는 반도체 경기회복과 정보통신기술(ICT) 부문에 대한 선제적 투자수요 등을 중심으로 견조한 증가세가 예상되고, 건설 투자 역시 한국판 뉴딜 등 공공인프라와 관련된 정부의 사회기반시설(SOC) 확대 정책 영향으로 반등할 것으로 보인다"고 설명했다.

해외 주요 투자은행(IB)들도 한국의 2020년 성장률 전망치를 줄줄이 상향 조정한 바 있다. 국제금융센터에 따르면 바클레이즈·뱅크오브아메리카메릴린치(BoA-ML)·씨티·크레디트스위스·골드만삭스·JP모건·HSBC·노무라·UBS 등 해외 IB 9곳이 전망한 한국의 2020년 실질 GDP 성장률은 평균 -1.2%다.

코로나19의 세계적인 재확산 여파에도 수출과 설비 투자의 회복세가 당초 예상보다 양호한 점도 긍정적 요인이다. 우리나라 제조업이 미국·독일·일본 등 주요국보다 코로나19 이전 수준으로 빠르게 회복되고 있어서다. 2020년 3분기 성장률이 큰 폭으로 상승한 데는 제조업의 활약이 컸다. 전체 성장률의 약 90%를 제조업이 끌어낸 데다 반도체 관련 설비 투자 장비가 꾸준히 증가세를 나타냈기 때문이다.

2021년에는 역성장을 넘어 한국 경제에 강한 성장률 반등이 가능할 것으로

출근길 시민들이 서울 광화문 횡단보도를 걷고 있다.

중앙포토

전망된다. 코로나19 백신의 상용화와 접종 소식이 들려오고 있으며, 미·중 무역 전쟁도 바이든의 미국 대통령 당선으로 좀 더 완화될 가능성이 높다는 점 때문 이다. 2021년 한국경제 성장률을 전망한 국내외 주요 기관 10곳의 분석에 따르 면 이들 기관은 평균 3.1%의 성장률을 기록할 것으로 전망했다. 10곳 중 7곳은 3% 성장률을 넘길 것으로 예상했다.

코로나19 재확산에도 수출·설비 투자 회복세 빨라

가장 높은 전망치를 내놓은 곳은 글로벌 투자은행인 골드만삭스로 우리 경 제가 내년에 3.6%의 V자 반등이 가능할 것으로 전망했다. 골드만삭스는 '2021

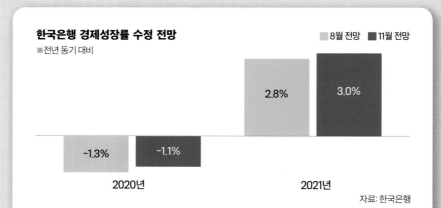

한국은행 경제성장률 수정 전망
※전년 동기 대비

■8월 전망　■11월 전망

2.8%　　3.0%

-1.3%　　-1.1%

2020년　　2021년

자료: 한국은행

> "2021년 경제 성장률의 반등은 기저효과의 영향이
> 클 것으로 보인다. 경제 주체별 경기 회복 체감이 양극화돼
> K자형 회복이 될 가능성이 높다. K자형 회복은
> 경제 주체별로 경기 침체에서 벗어나는 속도에서 차이가
> 벌어지는 현상을 의미한다. "

이주열 한국은행 총재.

년 한국·대만 전망 보고서'를 통해 내년 한국 실질 GDP를 3.6%로 제시했다. 폭넓은 정책 지원에 따른 코로나19 사태 안정화가 내수 반등에 도움을 주면서 민간 소비가 3.5% 증가할 것으로 예단했다. 미국 바이든 행정부의 다자주의 회귀로 수출이 확대되면서 한국 기술 제품의 수요도 늘어날 것으로 평가했다.

김광석 한국경제산업연구원 경제연구실장은 "2021년은 2020년의 대혼돈에서 벗어나는 이탈점"이라며 "코로나19가 2021년 내내 장기화할 지라도 2020년보다는 나을 수밖에 없다"고 전망했다. 그는 바이든 정부 출범에 따른 세계 경제 질서의 재편을 비롯해 백신 전쟁이 미칠 파장과 한국판 뉴딜 사업 등을 내년 우리나라 경제에 미칠 핵심 이슈로 꼽았다.

경제 상황이 코로나19 이전 수준으로 돌아가지 않더라도 내년 성장률이 크게 반등할 것이라는 전망이다. 그러나 경제의 반등에도 불구하고 기저효과의 영향이 크고, 경제 주체별 경기 회복 체감이 양극화돼 K자형 회복이 될 가능성을 높게 봤다. K자형 회복은 경제 주체별로 경기 침체에서 벗어나는 속도에서 차이가 벌어지는 현상을 의미한다.

김 실장은 "자산이 많은 사람일수록 회복을 체감하는 정도가 크지만 일자리가 불안정한 계층들은 고용 불안전성이 지속하는 등 양극화가 더욱 뚜렷하게 나타날 전망"이라며 "기업들도 디지털이나 친환경 업종에 속한 기업의 회복속도는 뚜렷하지만, 전통 제조업종 등은 회복이 미진하거나 어려운 상황이 지속할 것"이라고 말했다. 이어 "코로나19가 시작된 지 1년이 넘어가는 시점에 많은 자영업자가 폐업으로 연결될 가능성이 높다"고 예상했다.

현대경제연구원은 2021년 전반적인 경기 흐름을 상반기보다 하반기에 개선세가 강화되는 '상저하고'로 내다봤다. 코로나19의 확산으로 소비가 얼어붙은 2020년과 달리 민간소비의 회복세가 나타날 것이라는 전망이다. 또한 정부의 확장적 재정정책이 지속하고, 고용 안정 정책이 효과를 발휘하면서 소비 진작 효과를 거둘 것으로 보인다. 다만 코로나19 장기화로 인한 가계부채 증가세가 지속하고 저축이 증가하면서 민간소비가 예상보다 부진할 가능성도 적지 않다.

건설투자 증가폭은 더욱 확대될 전망이다. 한국판 뉴딜 정책에 따른 공공 인프라, 생활형 인프라 구축 등 정부의 사회간접자본(SOC) 확대 정책에 힘입어 2021년에는 토목건설을 중심으로 한 건설투자가 힘을 받을 것으로 보인다. 설비투자 부문도 증가세가 소폭 가팔라질 전망이다. 2021년 세계 경기 반등에 대한 기대와 디지털 전환, 비대면 수요 확산 등에 따라 특히 반도체 산업의 수요가 커질 것으로 보인다.

또 정보기술(IT) 부문의 신성장 산업 육성을 위한 전략적 투자가 확대되고, 정부의 민간투자 활성화 방안과 혁신 성장 기조 등도 설비투자의 확대를 이끌 예정이다. 다만 기업실적이 악화하는데 따른 투자심리 위축과 석유화학·철강 등 기타 산업의 채산성 악화가 부담으로 작용할 수도 있다. 이에 따라 신규 투자가 제약을 받고, 코로나19 전개 양상이 불확실하게 흘러가면 설비투자 증가폭이 기대만큼 크지 않을 가능성도 상존한다.

'한국판 뉴딜'로 설비투자·고용 확대 기대감

수출 전망은 비교적 밝다. 코로나19 발병으로 인한 경기 침체를 극복하기 위해 각국에서 도입한 대규모 경기부양책 등의 효과가 지속할 것으로 보이기 때문이다. 특히 최대 수출 대상국인 중국이 높은 성장을 지속하며 한국의 수출 반등에 기여할 것으로 예상된다. 그러나 미·중 갈등을 비롯한 전 세계 보호무역주의가 확대되는 점은 마이너스 요소다. 상품 수지의 개선으로 경상수지는 2020년에 비해 증가할 것으로 전망된다.

코로나19 확산으로 미뤄둔 기업의 신규 채용이 2021년에는 재개될 전망이다. 이로 인해 실업률은 하락하고, 취업자수는 증가할 것으로 보인다. 또 정부의 고용 안정 정책이 지속되고 있고, 한국판 뉴딜 등이 민간 부문의 투자 개선세로 이어진다면 고용시장의 회복 요인으로 작용할 것으로 보인다.

현대경제연구원 측은 2021년 소비자물가가 기저효과로 상승폭이 확대될 것으로 내다봤다. 현대경제연구원 홍준표 연구위원은 "국내 경제의 완만한 회복에 따른 수요 증대, 국제 유가와 원자재 가격 상승 등이 물가상승률 확대 요인으로 작용할 전망"이라면서도 "코로나19 사태 장기화에 따른 경제 불확실성과 달러화 가치 약세로 인한 수입물가 하향 안정 등은 물가 하방 압력으로 작용해 상승폭을 제한할 수 있다"고 말했다. 大예튬

주식·부동산 자산가치
계속 오를까?

YES 70%　　NO

배동주 기자

　　2020년 국내 자산시장은 고공 행진했다. 신종 코로나바이러스 감염증(코로나19) 사태로 얼어붙은 경제를 살리기 위해 정부가 풀어낸 돈이 주식·부동산 등 자산시장으로 몰렸다. 2020년 3월 코로나19 세계적 대유행으로 코스피 1400선을 기록했던 국내 주식시장은 같은 해 11월 유동성 공급에 힘입어 코스피 2700선에 올라섰다. 부동산시장은 24차례에 걸쳐 나온 정부 대책을 비웃듯 지역을 옮겨가며 가격 상승을 이어갔다. 이런 행보는 2021년에도 계속될 전망이다. 코로나19 사태로 근로소득 등 실물경제가 위축되는 가운데 경기를 부양하기 위한 정부의 유동성 확대 정책이 자산 소득을 불리려는 투자수요를 더욱 부채질할 수 있어서다.

　　한국거래소에 따르면 2020년 3월 19일 1457.64(종가)로 떨어졌던 한국 주

한국은행 본점에 현금
유동성 확보를 위해 방출할
자금이 쌓여 있는 모습.

가(코스피)는 9개월 만에 2700선에 안착했다. 2018년 초 반도체 경기 호황에
힘입어 반짝 2600을 돌파한 후 처음이다. 코스피는 2011년 1월부터 지난해까지
약 10년간 평균 2066을 축으로 200포인트 내외 박스권을 벗어나지 못했다. 이
는 코로나19의 3차 유행으로 사회적 거리두기 단계가 격상되는 등 경기 침체 우
려가 다시 커진 현실과 온도차가 큰 모습이다. 증시 대기자금 성격인 투자자예
탁금 규모는 2019년 말 27조3900억원에서 2020년 11월 18일 사상 최고치인
65조1300억원을 기록, 꾸준히 60조원 이상에 머물고 있다.

주가와 함께 부동산 가격도 가파르게 올랐다. KB부동산이 2020년 들어 10
월까지 서울시 주택 가격동향을 분석한 결과 25개 자치구 아파트 매매가격은
평균 16% 넘게 올랐다. 특히 2020년 초 3.3㎡당 2278만7000원 수준이던 노

원구 아파트 평균 매매가는 10월 2849만9000원으로 무려 25.1%나 상승한 것으로 조사됐다. 정부가 부동산 가격을 잡기 위해 내놓은 증세 등 규제도 부동산 시장 과열을 막지 못했다. 한국은행이 낸 11월 소비자동향(2020년)에서 1년 뒤 주택 가격을 전망한 주택가격전망지수는 130으로, 2013년 1월 집계 이래 최고 치를 기록했다.

코스피 사상 최고치, 서울 집값도 '고고'

시장에 풀린 돈이 기업 투자 등으로 이어지지 않고 주식·부동산 등 자산시장의 확대를 이끌었다. 현재 한국의 기준금리는 연 0.5%로 '빚도 부담 없는' 시대가 됐다. 주식시장 배당 수익률이 은행의 저축성 예금금리를 넘어설 만큼 명목금리는 제로금리, 실질금리는 마이너스다. 여기에 정부는 역대 최대인 35조3000억원 규모의 3차 추가경정예산(추경)을 추진한 데 이어 4차 추경까지 계획하고 있다. 덕분에 유동성을 뜻하는 현금·결제성예금에 2년 미만의 금융상품을 더한 광의통화(M2)는 2019년 말 2908조원에서 2020년 9월말 기준 3115조8000억원까지 불어났다.

코로나19가 실물경기 회복에 대한 의구심과 불안감을 키운 탓이다. 그동안 제로금리 등 정부발 유동성 공급은 경기 회복 수단이었다. 그러나 코로나19 사태에 대응한 정부발 유동성은 자산가치 증대 수단이 됐다. 과거 유동성이 기업 투자와 일자리 창출에 동원됐던 것과 달리 코로나19로 실물경기 회복이 불투명해지자 기업은 투자를 멈췄고, 돈은 자산시장만 키우는 수단으로 변모했다. 황용식 세종대 경영학과 교수는 "최근 자산시장, 특히 국내 주식시장은 유동성에 의존해 상승했다"며 "저금리에서 수익률 추구가 주식이나 부동산 같은 자산으로 몰리는 건 당연하다"고 말했다.

2021년 역시 국내 자산시장은 성장을 이어갈 것으로 보인다. 코로나19로 시작한 이른바 자산시장 유동성 장세가 당장 중단될 가능성이 낮아서다. 미국 의회예산처(CBO)는 2020년 6월 장기 경제 전망에 대해 미국 경제가 코로나19 사태 전 경제 상황으로 회복하려면 10여년이 걸릴 것으로 내다봤다. 2019년 미국 국내총생산(GDP) 수준(21조 달러) 회복까지는 2~3년이면 되지만, 고용시장 충격으로 인한 근로소득의 회복까진 장시간이 소요된다는 판단이다. 실례로 2008년 금융위기 이후 미국은 실업률 회복에 약 10년이 걸렸다. 한국도 코로나19 충격의 예외가 될 수는 없을 것이다.

정부발 유동성, 자산 증식에 '돈 폭포'

이렇게 경제상황이 악화되자 기업들은 투자에 나서기보다는 불확실성에 대비해 회사 비상금 격인 유보금을 쌓아놓고 있다. 기업부채도 크게 늘었다. 2020년 10월 한 달간 대기업 대출이 1조원, 중소기업 대출은 이보다 많은 8조2000억원 증가했다. 기업의 유보금과 대출 증가는 결국 소득 관점에서 근로소득보다 자산소득이 더 중요할 수밖에 없음을 뜻한다. 정용택 IBK투자증권 연구원은 "실업률이 높아져 근로소득 향상이 어려워지면 자산시장이 더욱 주목 받을 수밖에 없다"며 "자산소득 추구 경향이 경제 전반으로 퍼지고 자산시장이 탄력을 받을 것"이라고 말했다.

그렇다면 주식과 부동산 자산은 2021년에 얼마나 성장할까. 우선 주식 가치는 오를 전망이다. 주식이 유동성 확대 여파를 크게 받기 때문인데, 시장에선 2021년 유동성이 더욱 늘어날 것으로 보고 있다. 2020년 상반기 기준 실제

GDP와 잠재 GDP의 차이를 이르는 GDP 갭률이 -4%로 유동성 공급에 따른 인플레이션 우려보다 디플레이션 우려가 더 높은 것으로 나타났다. 2020년 소비자물가 상승률도 0.4% 안팎에 그쳐 한국은행이 통화 정책 목표로 설정한 2%를 밑돌 전망이다. 소비자물가 상승률도 2% 이하일 것으로 보여 통화 정책 긴축 가능성은 작은 편이다.

주식 자산, 코스피 3000시대 오나

국내 주식시장이 선순환에 들었다는 점도 주식 가치 상승에 호재다. 현재 국내 주식 시장은 삼성전자와 SK하이닉스 등 반도체 기업에 더한 BBIG(바이오·배터리·인터넷·게임) 종목들이 주도하고 있다. 이재선 하나금융투자 연구원은 "지수 상승이 특정 업종으로 쏠리지 않아 2018년과 구조적으로 다르다"며 "반도체를 제외하고도 2차전지·소프트웨어 등 성장기업과 자동차·화학 등의 내년 전망이 좋아 증시 상승이 계속될 것"으로 내다봤다. 증시 상승세가 2021년 상반기까지 이어질 것이란 관측이다. 일부 증권사는 내년 코스피 3000까지도 전망하고 있다.

정부 정책에 따른 국내 기업들의 배당 성향 증가도 주식 자산가치 증대를 뒷받침할 수 있다. 최근 정책 당국은 배당을 통해 기업 소득을 가계 소득으로 이동시키는 정책을 펼치고 있다. 정부는 코로나19 사태로 위기에 빠진 기업의 투자 축소에 맞서 배당 성향 증대를 압박하고 있다. 덕분에 2019년 코스피 배당 수익률이 은행의 저축성 예금금리를 넘어섰고 이러한 추세는 장기적으로 지속할 가능성이 높다. 우리나라 가계의 금융 자산 중 16.5%에 불과했던 주식 비중이 금리 인하 등으로 계속 높아지는 것도 주가와 주식자산가치의 상승을 뒷받침하고

코스피가 12월 16일 2771.79 기록
사상 최고치를 경신했다. 사진은 서울
명동 하나은행 본점 딜링룸.

" 시장에 풀린 돈이 기업 투자 등으로
이어지지 않고 주식·부동산 등 자산시장의
확대를 이끌었다. "

코스피 변동 추이

자료: 한국거래소

있다.

2021년 투자 형태는 개별 기업 투자 방식을 공고화할 것이란 분석이다. 현재 주식시장은 코로나19 사태가 부른 산업 격변으로 바이오·배터리·인터넷·게임 등에서 성장한 기업들이 주목 받고 있다. 이 경우 투자자 자산 배분은 시장보다는 업종, 업종보다는 개별 기업에 투자하려는 경향이 강하게 나타난다. 2019년 말 23%에 달했던 삼성전자의 코스피 내 시가총액 비중도 줄었다. 2020년 펀드 시장이 위축되는 대신 개별 주식에 대한 투자가 증가한 것도 같은 이유다. 시장이나 업종에 투자하는 펀드의 경우에도 액티브 펀드가 패시브 펀드보다 선호될 수 있다.

최근 금융자산 투자처로 주목 받고 있는 해외 주식 자산가치도 상승이 기대된다. 정부발 유동성 장세가 국내뿐만 아니라 해외에서도 계속될 전망이기 때문이다. 국제 신용평가사 피치에 따르면 코로나19 사태 위기를 극복하기 위해 미국은 GDP의 20%, 영국과 캐나다는 9%를 자산 매입 등 양적 완화에 쏟은 것으로 집계됐다. 실물경제에 최대한 자금이 원활하게 공급되도록 배경을 제공하는 것이었지만, 결과적으로 주식시장의 유동성 공급으로 이어졌다. 오현석 삼성증권 리서치센터장은 "해외 주식시장이 유동성 호황을 보이면서 국내 주식 투자자들의 해외 투자도 증가했다"면서 "2021년에는 더 다양한 국가에 투자가 늘어날 것"이라고 전망했다.

부동산 상승 지방 중심으로 계속 확산 전망

2020년 랠리를 이어간 부동산 자산가치는 2021년에도 상승세를 여전히 이어갈 전망이다. 부동산 시장의 가장 큰 변수인 금리가 코로나19 사태 후 경기 회

경기도 김포의 아파트
단지 모습.

복을 이유로 2021년에도 고정될 가능성이 높기 때문이다. 부동산 대출금리가 싸

지면 집값은 오르는 게 순리다. 공급도 여전히 부족하다. 2020년 정부는 주택

공급 부족의 심각성을 깨닫고 대응책 마련에 나섰지만, 공급이 하루아침에 늘어

날 수는 없다. 집값 폭등을 겪은 과거 노무현 정부에서도 2기 신도시 구축 방안

을 낸 결과 이후 공급 시차에 따라 이명박·박근혜 정부에서 부동산시장이 안정

되는 원동력이 됐다.

다만 그 속도는 올해와 같지 않을 수 있다. 부동산 자산가치 등락에 영향을

끼치는 다양한 요인 중 하나인 세금이 가격 하락을 유도하고 있기 때문이다. 예

컨대 정부는 낮은 금리에도 부동산 대출에 있어서 만큼은 규제를 강화해 대출

문을 좁혔다. 주택담보대출을 활용한 갭투자를 어렵게 만든 것이다. 또한 20여

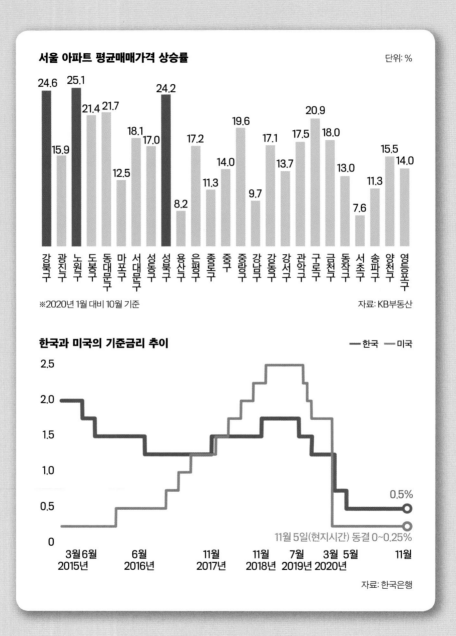

서울 아파트 평균매매가격 상승률

단위: %

강북구 24.6
광진구 15.9
노원구 25.1
도봉구 21.4
동대문구 21.7
마포구 12.5
서대문구 18.1
성동구 17.0
성북구 24.2
용산구 8.2
은평구 17.2
종로구 11.3
중구 14.0
중랑구 19.6
강남구 9.7
강동구 17.1
강서구 13.7
관악구 17.5
구로구 20.9
금천구 18.0
동작구 13.0
서초구 7.6
송파구 11.3
양천구 15.5
영등포구 14.0

※2020년 1월 대비 10월 기준

자료: KB부동산

한국과 미국의 기준금리 추이

— 한국 — 미국

0.5%

11월 5일(현지시간) 동결 0~0.25%

3월 6월 2015년
6월 2016년
11월 2017년
11월 2018년
7월 2019년
3월 5월 2020년
11월

자료: 한국은행

차례 넘게 내놓은 부동산 안정화 대책을 통해 보유세·거래세 등 세금 부담도 대폭 늘렸다. '영끌(영혼까지 끌어 모을 정도로)' 대출을 받아 '빚투(빚내서 투자)' 하는 수요가 몰리고 공급물량까지 부족해져 생겨난 집값 폭등은 2021년에는 고공행진이 둔화될 거란 전망이다.

2021년은 지방 주택시장이 주목 받을 전망이다. 지방 부동산은 이미 정책과 무관하게 금리·유동성에 따라 변동하는 추세에 진입했다. 정부가 수요 억제를 위해 내놓은 대출 제한, 증세 등 수단은 지방과 무관했다. 분양권 전매제한이나 다주택 취득세 중과 등도 고가 주택이 별로 없는 지방에는 큰 영향이 없을 것으로 보인다. 지방 부동산 자산가치는 2020년 중국인 수요 위축이라는 특이점이 존재하는 제주를 제외하고 대체로 올랐다. 지난 수년 간 지방에서 나타났던 주택 공급 과잉이 해소되는 과정에 들었고, 그 흐름은 2021년에도 이어질 것으로 보인다.

한편 내년 주식·부동산 자산 거품론은 계속 제기될 것으로 보인다. 저금리에서의 수익률 추구 현상은 어쩔 수 없는 측면이 있지만, 자산시장 쏠림이 과열될 경우 가격에 거품이 끼고, 거품이 주저앉을 가능성도 커지기 때문이다. 유동성이 실물경제보다 자산시장으로 쏠리게 되면 금리를 낮춰 내수를 살리고, 경기를 부양하고자 하는 통화정책의 유효성도 떨어질 수밖에 없다. 경기부양 효과는 낮아지지만, 기업과 가계의 신용위험은 커진다. 확장적 통화정책의 효과가 사라지는 유동성 함정에 대한 우려가 커지고 있는 이유이기도 하다. ●예측

가계 부채 뇌관
터질까?

YES   NO 95%

이병희 기자

대한민국 국민의 영혼이 탈탈 털리고 있다. 돈을 빌릴 수 있는 마지막 자락에서 한 푼까지 보태기 위해 영혼까지 끌어 모으는 이들의 소식이 줄을 잇는다. 이른바 '영끌'이라는 표현이 나온 것도 이 때문이다. 빚내서 주식에 투자하고, 마이너스 통장을 개설해 집을 산다.

2020년 11월 24일 한국은행이 발표한 '2020년 3분기 중 가계 신용'(잠정) 자료를 보면 가계 신용 잔액은 1682조1000억원을 기록했다. 역대 최고치다. 기록은 매일 새로 쓰이고 있다. 2분기와 비교하면 44조9000억원(2.7%) 증가했다. 2020년 11월 13일부터 정부가 가계부채 관리방안을 내놓자 일주일간 신용대출을 받으려는 사람들이 은행으로 몰렸다. KB국민·신한·하나·우리·NH농협 5대 은행의 일일 신규 마이너스 통장 개설 수는 4082개(2020년 11월 18일 기준)로

홍남기 경제부총리
겸 기획재정부
장관은 2020년 11월
가계신용대출 증가세와
관련해 대책을 검토하고
있다고 밝혔다.

집계됐다. 가계부채 관리방안 발표 전날 마이너스 통장 개설 수가 1931개였던 점을 고려하면 두 배 가까이 수요가 늘어난 셈이다. 대출 기회가 사라지기 전에 돈을 끌어다 놓으려는 사람들이 얼마나 다급하게 움직였는지 짐작할 수 있다.

유례 없는 가계대출 폭증 '위험 경고등'

가계부채가 폭증하면서 위험을 알리는 경고의 목소리도 커지고 있다. '이러다 큰일 난다'는 것이다. 금리가 오르고 집값이 내려가고 주식 투자 열기가 가라앉으면 한국 경제가 주저앉는다는 위기론이다. 하지만 2021년에 그런 일이 동시에 일어날 가능성은 희박하다. 만약 그런 날이 온다고 해도 가계부채의 뇌관이 터지

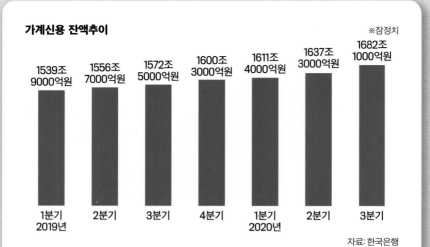

가계신용 잔액추이

※잠정치

- 1539조 9000억원 | 1분기 2019년
- 1556조 7000억원 | 2분기
- 1572조 5000억원 | 3분기
- 1600조 3000억원 | 4분기
- 1611조 4000억원 | 1분기 2020년
- 1637조 3000억원 | 2분기
- 1682조 1000억원 | 3분기

자료: 한국은행

가계신용 잔액 증가 추이

▨ 가계부채 규모   ━ 전 분기 대비 증가율   ▨ 처분가능소득 대비 가계 부채 비율

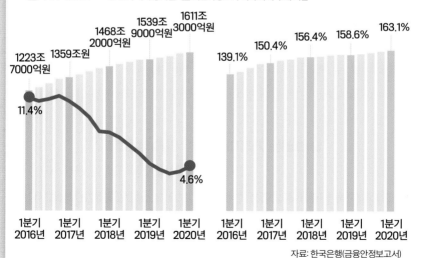

- 1223조 7000억원
- 1359조원
- 1468조 2000억원
- 1539조 9000억원
- 1611조 3000억원

11.4%

4.6%

- 139.1%
- 150.4%
- 156.4%
- 158.6%
- 163.1%

1분기 2016년 · 1분기 2017년 · 1분기 2018년 · 1분기 2019년 · 1분기 2020년

1분기 2016년 · 1분기 2017년 · 1분기 2018년 · 1분기 2019년 · 1분기 2020년

자료: 한국은행(금융안정보고서)

지는 않을 것이다.

과도하게 늘어나는 가계부채를 걱정하는 이유는 경제 위기를 불러오는 트리거(Trigger·총 방아쇠)가 될 수 있기 때문이다. 가계부채가 늘면 소비를 위축시킬 우려도 함께 커진다. 갚아야 하는 원금과 이자가 많을수록 씀씀이를 줄일 수밖에 없어서다. 이는 경제성장에 부정적 영향을 미친다. 예상치 못한 경제 충격이 발생할 경우 가계와 국가 경제 모두 위험에 빠질 수 있다. 그런데 지금이 그런 상황에 가깝다는 우려가 나오고 있다.

2020년 11월 23일 글로벌 금융회사 연합체인 국제금융협회(IIF)가 세계 34개국을 대상으로 분석해 발표한 '글로벌 부채 모니터(부제, 부채 쓰나미의 공격)' 보고서에 따르면 한국 국내총생산(GDP) 대비 가계부채 비율이 100.6%로 나타났다. 이 비율이 100%를 넘어선 것은 이번이 처음이다. 한국은 2019년 1분기 가계부채 비율이 92.1%였는데, 2020년 1분기에 가계부채 비율이 97.9%로 늘더니 3분기에 100%를 넘어섰다. 국제결제은행(BIS)은 가계부채 비율이 80%를 넘으면 경제 성장률에 부정적 영향을 줄 수 있다고 본다.

이는 주요 선진국과 비교해도 높은 수준이다. 영국의 가계부채 비율은 87.7%, 미국은 81.2%를 기록했다. 일본은 65.3% 수준으로 집계됐다. 한국보다 가계부채 비율이 높은 나라는 레바논(116.4%)뿐이다.

한국의 3분기 잔액 기준 가계부채를 분석해보면 가계대출 1585조5000억원, 판매신용은 96조6000억원 수준이다. 가계대출은 개인이 은행·보험사 등 금융회사에서 빌린 돈을 뜻한다. 판매신용은 결제 전 카드 사용금액이다.

송재창 한국은행 금융통계팀장은 "주택 매매, 전세 거래량이 2분기나 2019년 3분기보다 늘었기 때문에 주택자금과 주식자금 수요가 있었다. 코로나19에 따른 생활자금 수요까지 늘었다"고 밝혔다. 가계대출의 절반 이상(52%)은 금융기관에서 빌린 주택담보대출로 잔액이 830조원에 달하는 것으로 집계됐다. 결국 '집'을 마련하기 위한 대출이 가계부채의 가장 큰 비중을 차지한 셈이다.

경제 전문가들은 24번에 걸친 정부의 부동산 대책 실패로 집값이 폭등하면서, 패닉 바잉(Panic Buying·공포에 기인한 사재기 현상)이 나타난 결과라고 말한다. 서울 강남을 누르면 강북에서, 서울을 옥죄면 수도권에서 집값이 올랐다. 매매든 전세든 집을 구하려면 대출을 받아야 하는 상황이 됐다. 이런 와중에도 강남 집값은 떨어지지 않았다.

한국은행의 '2020년 11월 소비자동향조사 결과'를 보면 11월 주택가격전망 CSI(소비자심리지수)는 전월 대비 8포인트 오른 130을 기록했다. 한국은행이 2013년 1월부터 조사 집계를 시작한 이래 역대 가장 높은 수치다. 한국감정원에 따르면 11월 셋째 주 전국 주간 아파트값은 0.25% 상승한 것으로 나타났다. 집을 사려는 사람이 많다는 것은 그만큼 집값이 오를 것으로 판단하는 사람도 많다는 뜻이다. 향후 소비를 줄이더라도 집에 투자하려는 사람이 늘어날 수 있다는 지적이다. 문제는 집을 사려 대출을 늘린 가계에서 소비가 줄어든다는 점이다. 2020년 들어 집값이 오르는 동안 가계 소비는 위축됐다.

2020년 3분기 가구당 월평균 소비지출은 294만5000원을 기록했다. 2019년 같은 기간보다 1.4% 감소했다. 평균소비성향은 69.1%로 2019년보다 3.2%포인트 하락했다. 평균소비성향은 가처분소득에서 소비지출이 차지하는 비중을 뜻한다. 경상조세와 비경상조세는 각각 5.6%, 47.1% 늘었다. 사회보험료도 9.4% 증가했는데 이는 세금은 늘고 소비는 줄었다는 것을 보여준다.

가계대출 증가세도 눈여겨볼 대목이다. 2020년 상반기까지 가계 신용 잔액은 1637조3000억원으로 2019년 같은 기간보다 5.2%(80조5000억원) 증가했다. 가계 신용 증가율은 2019년 3분기 3.9% 수준이었는데 4분기 4.1%를 기록하더

"2020년 11월 23일 글로벌 금융회사 연합체인 국제금융협회(IIF)가
세계 34개국을 대상으로 분석해 발표한
'글로벌 부채 모니터(부제, 부채 쓰나미의 공격)' 보고서에 따르면
한국 국내총생산(GDP) 대비 가계부채 비율이 100.6%로 나타났다."

니 2020년 1분기에는 4.6%를 기록하는 등 점차 기울기가 가팔라지고 있다.

한국은행이 국내 금융기관을 대상으로 조사한 2020년 3분기 대출행태 서베이 결과를 보면 국내 은행들은 기업과 가계의 모든 대출에서 신용위험이 증가할 것으로 전망했다. 특히 가계의 경우 저신용·저소득층을 중심으로 신용위험이 발생할 수 있다고 분석한다.

한국은행이 2020년 국회에 제출한 국정감사 자료를 보면 고위험 가구가 빠르게 늘고 있는 것을 볼 수 있다. 고위험 가구란 원리금 상환 부담이 크고 자산

주요국의 가계부채 비율

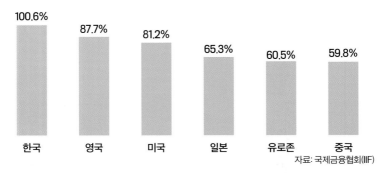

※국내총생산 대비 2020년 3분기 말 기준

- 한국 100.6%
- 영국 87.7%
- 미국 81.2%
- 일본 65.3%
- 유로존 60.5%
- 중국 59.8%

자료: 국제금융협회(IIF)

신용대출 관리방안 주요내용

※DSR=총부채원리금상환비율, DTI=총부채상환비율

즉시 시행	신용대출 취급 목표 (은행권 월 2조원대) 준수 여부 점검
	연소득 2배 이상 신용대출 못하도록 하는 등의 관리 강화
	고 DSR 대출비중 관리 기준 하향 (11월 30일 시행, 2021년 1분기 말 점검 예정)

	DSR 70% 초과	DSR 90% 초과
시중은행	15% → 5%	10% → 3%
지방은행	30% → 15%	25% → 10%
특수은행	25% → 15%	20% → 10%

	'연소득 8000만원 이상+1억원 초과 신용대출' 시 DSR 적용 (11월 30일 시행)
	'대출 1억원 초과+1년내 규제지역 주택구입' 시 대출 회수 (11월 30일 시행)
장기 추진 과제	금융회사별 DSR을 개인 단위 DSR로 단계적 전환
	업권별로 최대 160%인 DSR을 40%대까지 조정
	주택담보대출에 적용 중인 DTI를 DSR로 대체
	청년층의 미래예상소득을 감안해 DSR 규제에 반영
	소득파악이 어려운 차주를 위한 보조지표 등 개발
	예대율 등 '코로나 금융' 유연화 조치 등 정상화

자료: 금융위원회, 금융감독원

을 매각해도 부채를 상환하기 어려운 가구를 말한다. 고위험 가구 수는 2015년 29만9000가구였는데, 2017년 32만4000가구로 증가했다. 2019년에는 37만 6000가구까지 늘었다.

이주열 한국은행 총재는 지난 10월 금융통화위원회 직후 기자간담회에서 "우리나라 가계부채 수준이 이미 높은 상황에서 최근 증가세가 더 높아지고 있다는 점은 우려된다"고 말했다. 김용범 기획재정부 1차관도 "신용대출을 비롯한 가계대출 추이를 모니터링하며 가계대출 불안 요인이 지속할 경우 필요 조치를 강구하겠다"고 밝혔다.

비정상적 상황 확산 대출규제 압박 강화

가계부채 증가로 인한 경제 위기는 현실로 나타날 수 있을까. 결론부터 말하면 가능성은 희박할 것으로 전망된다. 가장 큰 이유는 집값이 하락할 위험이 적다는 것이다. 집값이 폭락하지 않는 한 가계부채 뇌관이 터지기는 어렵다. 그런데 현재 새집은 부족하고 수요는 줄지 않고 있다. 대출이 가능한 9억원 이하 아파트로 수요가 몰리면서 상대적으로 저렴했던 지역의 집값이 오르는 풍선효과가 이어지고 있다.

시중에 자금도 풍부하다. 2020년 7월 문재인 대통령은 "우리나라 시중의 유동성이 이미 3000조원을 넘어섰다. 넘치는 자금이 부동산과 같은 비생산적인 부분이 아니라 건전하고 생산적인 투자에 유입될 수 있도록 모든 정책적 수단을 강구해야 한다"고 말한 바 있다. 갈 곳 잃은 돈이 부동산시장과 주식시장을 떠받치는 상황에서 집값이 떨어지기는 어려울 전망이다.

대출 규제가 본격화되면서 더는 빚을 내기도 어려운 상황이 됐다. 정부는 주택 구매 용도의 대출을 억제하고 주택담보인정비율(LTV)과 총부채상환비율 (DTI)을 강화했다. 부동산 시장을 안정시키기 위해 내놓은 정책이지만, 사실상 대출 구멍을 좁힌 셈이다.

대출 규제 내용을 보면 투기지역·투기과열지구의 고가 주택에 대한 LTV 기준을 9억원과 15억원으로 나눴다. 9억원 이하 분은 40%, 9억~15억원분은 20%를 적용하도록 했다. 서울에서 10억원짜리 아파트를 살 때 9억원까지는 40%인 3억6000만원의 대출을, 9억원을 초과하는 1억원에 대해선 20%인 2000만원을 대출받을 수 있게 했다는 뜻이다. 시가 15억원이 넘는 주택을 살 때는 주택담보 대출을 못 받게 만들었다. 조정대상지역의 LTV 규제도 강화했다. 9억원 이하 분은 50%, 9억원 초과분은 30%까지만 대출받을 수 있게 했다.

2020년 11월 30일부터는 신용대출도 까다롭게 만들었다. 금융위원회는 30일부터 새로운 신용대출 등 가계대출 관리방안을 시행한다고 밝혔다. 연 소득 8000만원이 넘는 고소득자가 1억원을 웃도는 신용대출을 받으려면 총부채원리금상환비율(DSR) 40% 규제를 적용하도록 했다. 연간 총부채 원리금 상환액이 연소득의 40%를 넘지 못하도록 신용대출을 규제한 것이다. 또 1억원 넘게 신용대출을 받은 뒤 1년 안에 투기지역·투기과열지구·조정대상지역 등 규제지역에서 주택을 매입하면 대출금액을 회수하기로 했다. 11월 13일부터 마이너스통장을 개설하고 신용대출을 받으려는 사람들이 은행으로 몰린 것도 이 때문이다.

국가 전체적으로 가계가 어려워지면 정부가 세금을 풀어 지원금을 준다는 신호도 보내고 있다. 2020년 정부는 1차 재난지원금으로 14조3000억원, 2차 재난지원금으로 7조8000억원을 지급한 바 있다. 최근에는 3차 재난지원금 지급이 논의되고 있다. 지원규모와 대상을 두고 의견이 엇갈릴 뿐 지급될 것이 확실해 보인다.

최근에는 빚을 갚기 어려워 연체 위기에 빠진 개인 채무자들의 가계대출 원금 상환을 유예하기로 했다. 금융위원회는 2020년 11월 26일 코로나 피해 채무자의 가계대출 원금 상환 유예 신청(가계대출 프리워크아웃 특례) 마감일을 2021년 6월말로 연장한다고 밝혔다. 당초 가계대출 원금 상환 유예 마감일은 2020년 12월 31일이었다.

이것도 한차례 연장한 조처였는데, 한 번 더 연장해준다는 것이다. 몇 가지 조건을 충족한 경우에만 가능하지만, 대출 원금 상환을 6~12개월까지 미룰 수 있게 했다. 유예기간이 끝난 후 남은 만기 동안 원금을 갚기 어려우면 상환 일정을 재조정하도록 협의할 수도 있게 했다.

'영끌의 시대'가 결코 정상적인 것은 아니다. 상황이 나아지고 있다고 판단하기도 어렵다. 그러나 일련의 조건들은 아직 가계부채 뇌관이 터질 만큼 심각하지 않다고 말하고 있다. 🔵

4

국내·외 산업 동향은

코로나19 사태는 한국 경제에 뜻밖의 선물을 선사했다. 코로나19의 대유행으로 IT 활용이 늘면서 반도체와 스마트폰에 대한 전 세계 수요가 급증했기 때문이다. 2021년엔 호황기까지 기대되지만 중국의 추격이 만만치 않다. 중후장대 산업의 전망도 괜찮다. 자동차·조선·철강은 해외 수요를 회복해 수출 호조가 예상된다. 전세계 탄소 규제와 전기차 수요 증가로 배터리 산업도 호황이 기대된다. 헬스케어 산업도 주목을 받고 있다. 다만 정유 업계는 저유가로 인한 적자 증가와 가동률 하락을 회복할지 미지수다.

반도체 '수퍼사이클' 도래할까?

YES 60%   NO

황건강 기자

2020년 반도체 산업은 신종 코로나바이러스 감염증(코로나19)이 할퀴고 간 한국 경제를 지탱해주는 버팀목이었다. 2019년부터 이어진 깊은 침체의 끝을 고대하던 가운데 2020년에는 코로나19의 확산이 세계 경제를 뒤흔들어 났다. 메모리 반도체 업계에서도 수요가 크게 줄어들 것이라는 예상이 나왔다. 그러나 예상과 달리 비대면 활동 증가 속에 서버와 컴퓨터 수요가 늘면서 반도체는 한국 수출을 견인했다.

산업통상자원 부에 따르면 한국 반도체 수출액은 2020년 5월 전년 동기 대비 7.1% 증가를 기록하면서 18개월간 이어졌던 침체가 끝나고 있음을 알렸다. 6월에는 소폭(-0.03%) 하락하긴 했지만 7월부터는 계속해서 증가세를 기록했다. 2020년 9월에는 전년 동기 대비 11.8%, 10월에도 10.4% 증가하며 두 자릿수

이재용 삼성전자 부회장이 2020년 10월 13일(현지시간) 네덜란드 에인트호번에 위치한 ASML 본사를 찾아 EUV 반도체 생산 장비를 살펴보고 있다

증가세를 이어갔다. 하루 평균 수출액을 놓고 보면 7월에 3억1500만 달러로 바닥을 찍은 뒤, 8월에 3억7300만 달러로 반등했고 9월과 10월에 모두 4억1300만 달러까지 늘었다.

코로나19가 불러온 의외의 성과

반도체 시장이 회복의 기지개를 켜면서 시장의 기대감은 2021년에 집중되고 있다. 우선 국내 반도체 제조사들이 시장의 절반 이상을 담당하고 있는 D램 반도체 분야는 '슈퍼 사이클'이 도래할 것이란 기대가 나온다. 코로나19 확산 후 정보기술(IT) 기기 수요가 크게 늘었기 때문이다. 이 수요가 일시적이라는 지적

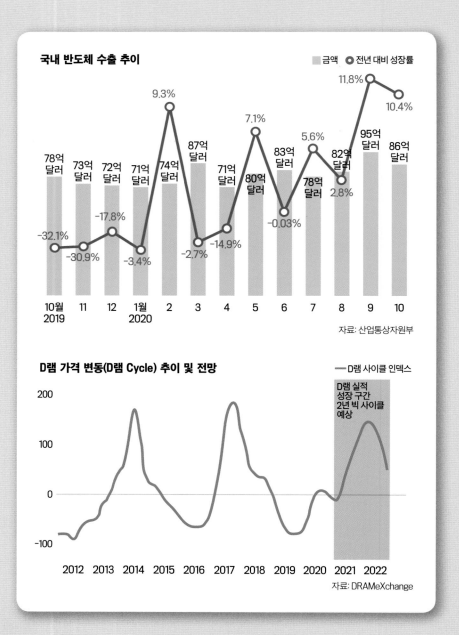

국내 반도체 수출 추이

■ 금액 ○ 전년 대비 성장률

- 78억 달러 / -32.1% (10월 2019)
- 73억 달러 / -30.9% (11)
- 72억 달러 / -17.8% (12)
- 71억 달러 / -3.4% (1월 2020)
- 74억 달러 / 9.3% (2)
- 87억 달러 / -2.7% (3)
- 71억 달러 / -14.9% (4)
- 80억 달러 / 7.1% (5)
- 83억 달러 / -0.03% (6)
- 78억 달러 / 5.6% (7)
- 82억 달러 / 2.8% (8)
- 95억 달러 / 11.8% (9)
- 86억 달러 / 10.4% (10)

자료: 산업통상자원부

D램 가격 변동(D램 Cycle) 추이 및 전망

— D램 사이클 인덱스

D램 실적 성장 구간 2년 빅 사이클 예상

2012 2013 2014 2015 2016 2017 2018 2019 2020 2021 2022

자료: DRAMeXchange

이코노미스트 2021 경제 대예측

도 있지만, 온라인·비대면 교육과 근무 환경이 광범위하게 확산하면서 코로나19 이전으로는 완전히 돌아가기 어렵다는 예상이 힘을 얻고 있다. 여기에 최근 3년간 성장세가 둔화한 스마트폰 시장에서도 2021년 성장세를 기대하고 있다. 따라서 빠르면 2021년 1분기부터 D램 공급 부족이 나타날 것이란 전망이다. 글로벌 시장조사기관 D램익스체인지(DRAMeXchange)에 따르면 2021년 2분기 전 세계 D램 공급량은 406억9600만Gb(기가비트)로 추정되고 있다. 이에 비해 수요는 411억5500만Gb 가량으로 추정돼 수요가 공급을 웃돈다.

수요가 공급을 앞서는 상황은 어느 산업에서나 판매 가격 상승을 예상할 수 있는 대목이다. 따라서 반도체 제조 업체들은 2021년 2분기에는 D램 고정가가 상승해 본격적인 '빅 사이클'(Big cycle·호황기) 궤도에 오를 것으로 내다보고 있다. 수요가 늘어난 만큼 제조사들이 공급을 늘린다면 가격은 금세 안정된다. 그러나 주요 반도체 제조사들의 설비 투자가 지연되면서 공급이 수요를 따라가지 못하는 상황은 2021년 3분기까지 이어질 것으로 예상하고 있다. 대부분의 제조업과 마찬가지로 메모리 반도체 산업에서도 수요가 늘었다고 해서 생산량을 곧장 늘릴 수는 없어서다. 우선 생산설비를 늘려야 한다. 더구나 메모리 반도체 업체들은 설비 증설 뒤 수율을 높이고 생산량을 안정적으로 늘리기까지 시간이 필요한데, 현재 상황에서는 적어도 6개월 이상이 걸린다고 보고 있다.

2021년 '수퍼 사이클'(장기 호황기)이 도래하더라도 메모리 반도체 시장은 과거와 다른 양상으로 흘러갈 것으로 예상하고 있다. 시장 점유율 순위가 이미 어느 정도 굳어진 D램 시장에서는 수요가 늘더라도 과거와 같은 치킨게임 양상의 설비 경쟁이 재연되기 어렵다는 평가다. 시장조사 업체 트렌드포스에 따르면 2020년 3분기 기준 삼성전자는 전 세계 D램 시장의 41.3%를 점유하고 있는 1위 업체다. SK하이닉스의 점유율은 28.2%로 2위 자리를 지키고 있다. 두 회사의 점유율 합계는 70%에 이르는데, 3위인 미국 반도체 기업 마이크론까지 포함하면 90% 이상을 장악하고 있다. 이들 가운데 누군가 나서서 경쟁적으로 설비를 늘린다면 다시 '치킨게임'이 나타날 수도 있지만, 현실적으로 어렵다는 평가가 지배적이다. D램 시장점유율 1위 삼성전자의 공급 증가율(Bit growth)은 2019년 4분기부터 2020년 2분기까지 시장 평균치를 밑돌았다.

과거와 다를 '수퍼 사이클'의 양상

지금까지 메모리 반도체 업체들의 경쟁 구도를 좌우했던 기술 혁신에 의한 공급을 증가와 원가 절감 경쟁에도 변화가 예고된 상황이다. 국제반도체표준협의기구(JEDEC)에서는 2012년 이후 8년 만에 새로운 D램 규격인 DDR5를 제정했다. DDR5는 직전 규격이던 DDR4에 비해 소모전력은 30% 줄고 정보처리 속도는 2배 빨라졌다. DDR5 규격에서는 D램 내 기억장치 슬롯인 뱅크를 2배로 늘리며 안정성도 높였다.

다만 제조사 입장에서는 지금까지와는 다른 부담이 생겼다. 지금까지는 반도체의 원재료인 웨이퍼에 회로를 미세화하는 방식을 사용해 동일한 크기의 반도체라도 성능을 높일 수 있었다. 그러나 7㎚(10억분의 1m) 공정 이하의 영역에서는 기존 노광 공정으로는 한계가 찾아왔다. 이를 해결하는 방법은 극자외선(EUV) 노광 설비를 활용하는 방식이다. EUV 기술은 파장 길이가 13.5㎚에 불과해 기존 노광 공정에서 광원으로 활용되던 불화아르곤 광원보다 10분의 1도 되지 않는다. DDR5 규격에서는 EUV 설비를 얼마나 확보하는지가 경쟁포인트로 꼽히는 이유다.

국내 메모리 반도체 제조사들은 앞다퉈 새로운 기술을 도입하고 있다. 삼성전

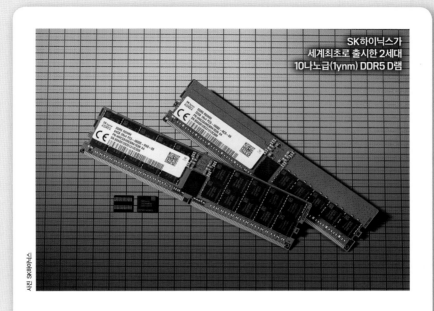

SK하이닉스가
세계최초로 출시한 2세대
10나노급(1ynm) DDR5 D램

사진·SK하이닉스

NAND 산업 규모와 성장률 전망 디램익스체인지

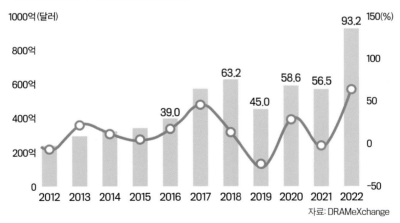

■ NAND산업규모　◎ NAND 산업 성장율(오른쪽)

자는 2020년 8월 3세대 10나노급 저전력(Low Power) DDR5 모바일 D램 등을 생산하는 평택 2공장을 가동하기 시작했다. 2021년에는 EUV 기반 4세대 10나노급 제품을 양산할 예정이다. SK하이닉스는 2020년 10월 세계 최초로 DDR5 D램을 제품을 내놨다. 2021년 상반기 중 4세대 10나노급 D램 생산을 목표로 이천사업장 M16공장에 EUV 공정 기반 생산라인을 구축 중이다.

이처럼 원가 절감을 가능하게 하는 기술 확보에 메모리 반도체 제조사들은 적극적이다. 문제는 EUV 노광 장비를 생산하는 기업은 네덜란드 ASML 단 한 곳뿐이라는 점이다. 2019년 한 해 동안 ASML이 연간 생산한 EUV 노광 장비는 26대에 불과하다. 더구나 EUV 장비는 메모리 반도체뿐만 아니라 비메모리 반도체 분야에서도 증설 경쟁이 붙은 품목이라 D램에 대한 공격적인 증설은 어려운 상황이다. 한 예로 비메모리 반도체를 위탁 생산하는 파운드리 분야에서 세계 1위 기업인 대만 TSMC가 ASML로부터 EUV 장비 50대를 공급받기로 했다는 사실을 공개하자, 이재용 삼성전자 부회장이 EUV 장비 공급계획을 논의하기 위해 2020년 10월 ASML 본사를 직접 방문했을 정도다.

투입할 수 있는 자원이 무한하다면 좋겠지만 그렇지 않다 보니, 삼성전자와 SK하이닉스 등 국내 반도체 제조사들은 시장 집중도가 높은 D램 시장보다는 낸드플래시나 파운드리(반도체 위탁 생산) 사업에 더 집중할 가능성이 높다. 실제로 삼성전자는 고가의 EUV 장비를 파운드리 사업과 공유하는 방식으로 고 정비를 아끼는 것으로 알려져 있다. SK하이닉스는 인텔의 낸드 사업부 인수 잔금 8조원가량의 납입이 2021년 말로 예정된 데다 추가적인 투자도 예상되기 때문에 D램 분야에 적극적으로 투자하기는 어려울 전망이다.

국내 기업들이 적극적인 행보를 보이는 낸드 시장은 2021년 D램과는 전혀 다른 양상을 보일 전망이다. 일단 낸드 시장에서는 판매가격이 2020년 초 안정세에 진입 후 하락 전환한 데다 공급과잉을 우려하는 목소리가 나온다. 시장조사기관 트렌드포스에 따르면 2020년 3분기 전 세계 낸드 매출액은 145억 달러로 전분기 대비 0.3% 늘어나는 데 그쳤다. 반면 출하량은 9% 늘어 가격 하락이 여전한 모습을 보였다.

전혀 다른 양상의 낸드 시장

가격 상승을 예상하게 하는 요인 중 하나인 수요 증가를 기대할 수 있다면 좋겠지만, 상황은 녹록지 않다. 낸드 수요의 절반가량은 스마트폰에 집중돼 있고 40%가량은 데이터 저장장치(SSD)가 차지한다. 스마트폰과 SSD 고객이 급격히 증가하지 않는다면 수요 측면에서 수급 개선이 기대하기 어려운 상황이다.

공급 측면에서도 공급 과잉을 우려해야 하는 상황이라 업계 재편이 빨라지지 않는다면 2021년 낸드 판매가격 상승을 기대하기는 어려운 실정이다. 일단 낸드 시장은 D램과 달리 주요 사업자만 해도 5곳에 이른다. 일단 삼성전자는 낸드 시장에서도 점유율 36%가량으로 1위를 차지하고 있다. 여기에 SK하이닉스는 인텔 낸드 사업부를 인수하며 점유율을 높일 전망이지만, 인수가 마무리되는 시점은 2022년이다. 이외에도 키옥시아(옛 도시바메모리)·웨스턴디지털·마이크론 등 3개 사업자가 함께 경쟁하는 구도다.

타도 한국을 외치며 반도체 굴기를 천명한 중국도 변수다. 중국 양쯔메모리테크놀러지(YMTC)는 2021년 시장점유율 8%를 목표로 생산량을 늘리고 있다. 경쟁 업체들 입장에서는 설비 증설 등 경쟁에 나설 수밖에 없다. 반도체 업계에서는 삼성전자가 적어도 2021년까지는 설비 투자에 집중할 것으로 내다보고 있다. 2021년 낸드 시장에서는 '수퍼 사이클'을 기대하기 어렵게 하는 이유다. 大韓

중후장대 침체
벗어날까?

YES 80%　**NO**

최윤신 기자

　자동차·조선·철강·중화학공업 등 중후장대(重厚長大·무겁고 두껍고 길고 큰) 산업은 한국 경제의 핵심 축이었지만 산업의 구조적 변화로 수년간 어려움에서 벗어나지 못하고 있다. 2020년엔 특히 신종 코로나바이러스 감염증(코로나19)의 영향으로 경영상 어려움이 심화했고, 비대면 사회로의 전환에 속도가 더해지며 산업에 대한 주목도도 크게 낮아졌다.

　2021년에도 코로나19의 영향에서 완전히 벗어나지는 못하겠지만, 일정 부분 회복이 이루어지고 2020년의 기저효과에 의해 세계 수요는 모든 산업에서 증가할 것으로 기대를 모은다. 산업연구원은 수요 하락이 장기적 추세인 철강이나 항운 등의 정상화가 늦어져 수요에 영향을 받는 정유 등의 회복세는 다소 제한적일 것으로 전망하면서도, 친환경 관련 이슈에 따른 환경 규제로 친환경 선박 등

현대자동차
울산공장 야적장

조선 발주는 증가할 것으로 내다봤다. 다만, 자동차는 친환경 자동차의 수요가 증가하겠지만, 기존 내연 기관 차량의 대체여서 전체 수요 증대에는 제한적일 것으로 평가했다.

자동차, 수출 뜨고 내수 진다

2020년 코로나19는 수년간 성장세 둔화를 겪고 있던 국제 자동차 시장에 큰 타격을 입혔다. 한국 시장은 개별소비세 인하 등 소비 진작 정책으로 성장했지만, 한국을 제외한 대부분의 국가에서 자동차 판매가 감소했다. 이에 따라 한국 자동차 기업들은 내수 시장에서 선전했지만 해외 시장에선 어려움을 겪었다.

2021년 중후장대 산업 전망 기상도

※전년 대비 증가율 기준

☂ -10~-5%   ☁ -5~0%   ⛅ 0~5%   🌤 5~10%   ☀ 10% 이상

		수출	생산	내수	수입
기계 산업군	자동차	🌤🌤	🌤	☁	🌤
	조선	⛅	🌤🌤	☂	☁
소재 산업군	철강	🌤	⛅	⛅	🌤🌤
	정유	🌤🌤	⛅	⛅	🌤

자료: 산업연구원

국내 자동차산업 동향

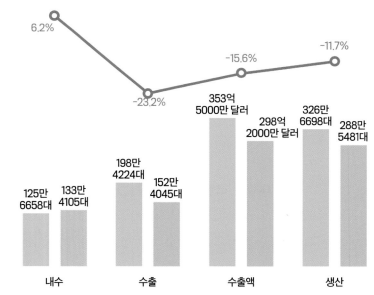

■ 2019년 1~10월   ■ 2020년 1~10월   ◯ 증감률

6.2%
-23.2%
-15.6%
-11.7%

내수	수출	수출액	생산
125만 6658대 133만 4105대	198만 4224대 152만 4045대	353억 5000만 달러 298억 2000만 달러	326만 6698대 288만 5481대

※내수는 수입차 제외, 수출액은 산업통상자원부 자동차 수출액 추정치

자료: 한국자동차산업협회

한국자동차산업협회(KAMA)에 따르면 2020년 1~10월 현대·기아자동차를 비롯해 한국GM·르노삼성·쌍용자동차 등 국내 자동차 회사들의 생산 대수는 288만5481대로, 전년 동기(326만6698대) 대비 11.7% 감소한 것으로 나타났다. 국내 자동차 회사들의 내수 판매는 같은 기간 133만4105대로 6.2% 증가했지만, 해외시장 침체로 수출이 23.2% 감소한 152만4045대에 그쳤기 때문이다. 같은 기간 현대·기아차의 해외생산(245만6151대)도 전년 대비 24% 감소했다.

2021년의 자동차 시장은 정반대의 양상이 펼쳐질 전망이다. 해외 시장에선 이연됐던 수요가 늘어나고 2020년의 기저효과로 수출·해외 생산이 성장세로 전환하지만, 국내 시장에선 개별소비세 인하 정책 종료로 인한 판매 감소가 예상된다. 수출과 해외생산 규모가 국내시장 판매보다 훨씬 크기 때문에 종합적으론 판매량 증대가 일어날 것이란 분석이다.

특히 기대는 친환경차 시장에 집중된다. 2021년부터 유럽연합(EU)의 환경 규제가 강화되며 기존의 내연기관차는 유럽시장 수출에는 제한이 걸릴 것이란 분석이 나온다. 다만 전기차 등 친환경차의 수요는 본격적으로 늘어날 것으로 보인다.

특히 미국에 바이든 행정부가 들어서며 미국 시장에서도 친환경차 시장이 커질 것으로 보인다. 중국 역시 2030년까지 신규 등록차의 절반을 전기차와 수소차 등으로 채우고, 내연기관만을 사용하는 자동차는 판매할 수 없도록 하겠다는 계획을 최근 발표했다.

이에 따라 업체별로 현대·기아차는 성장할 수 있을 것으로 기대를 모은다. 현대·기아차는 2019년부터 연이은 모델 쇄신으로 한국은 물론, 미국과 유럽 시장에서 상대적으로 선전해왔다. 인도와 동남아 등 신흥 시장에서도 점유율을 확대하고 있다. 곧 전기차 전용 플랫폼인 E-GMP를 적용한 전기차 생산에 나서 전기차 시장 공략도 본격화할 방침이다.

현대·기아차는 중국시장에서 2016년 고고도미사일방어체계(사드·THAAD) 한반도 배치 이후 지속적인 어려움을 겪고 있는데, 2021년을 기점으로 반등에 도전한다. 제네시스 브랜드를 출시해 실추한 브랜드 이미지를 되살리고 E-GMP 기반 전기차로 세계 최대인 중국 전기차 시장에도 본격적으로 나선다.

그러나 마냥 장밋빛 전망만 있는 것은 아니다. 코나 화재 사태가 악재다. 전기차 브랜드 이미지에도 타격을 입힐 수 있다. 또 현대·기아차 외 완성차 브랜드들은 어려움이 예상된다. 이 회사들은 2020년 현대·기아차에 비해 큰 폭의 타격을 입은 바 있다. 2020년 1~10월 생산량은 전년 동기 대비 한국GM 14.5%, 르노삼성 25.4%, 쌍용차 23.4% 줄어들었다.

국제 자동차 시장의 '탈 내연기관화'에 따른 생산 축소는 더 큰 우려다. 한국GM과 르노삼성은 모두 외국 본사로부터 배정받는 물량이 줄어들고 있어 '한국 철수' 가능성에서 완전히 자유롭지 못한 상황이다. 쌍용차는 대주주인 인도 마힌드라 그룹이 경영권 매각에 나섰지만, 매각이 이뤄질 수 있을지는 미지수인 상황이다. 마힌드라 그룹은 쌍용차에 더 이상의 지원을 할 수 없다는 입장이라 매각이 불발되면 생존 자체가 불확실해진다.

LNG선으로 '일감 곳간' 채울 조선업

조선업은 당초 2020년 일감 확보 기대가 컸지만 실상은 달랐다. 수주한 물량을 2년여에 걸쳐 건조하는 조선업의 특성을 고려할 때 대형 3사들의 재무상태는 전년보다 나아졌지만 수주가 줄어 수주잔고가 크게 줄었다. 2020년 10월 기준 한국 조선업 전체 수주잔량은 1842만CGT로 연초 대비 21.1% 감소한 것으로

전남 광양
광양제철소 제품
출하장 모습

연합뉴스

"국제 자동차 시장의 '탈 내연기관화'에 따른 생산 축소는
더 큰 우려다. 한국GM과 르노삼성은 모두 외국 본사로부터
배정받는 물량이 줄어들고 있어 '한국 철수' 가능성에서
완전히 자유롭지 못한 상황이다."

세계 신조선 발주량 및 한국수주량 전망 ■ 2020년(추정) ■ 2021년(전망)

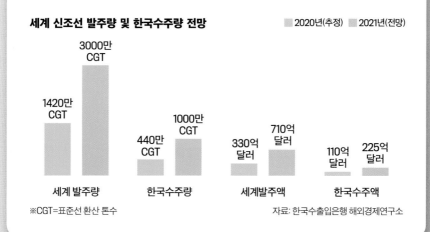

	세계 발주량	한국수주량	세계발주액	한국수주액
2020년(추정)	1420만 CGT	440만 CGT	330억 달러	110억 달러
2021년(전망)	3000만 CGT	1000만 CGT	710억 달러	225억 달러

※CGT=표준선 환산 톤수   자료: 한국수출입은행 해외경제연구소

나타났다. 저유가 기조가 장기화하며 선박 교체수요가 줄었고, 코로나19 사태로 선주들이 선박 발주를 꺼렸던 게 요인으로 분석된다. 이런 가운데 중국에선 자국 발주 물량을 중국 조선사에 몰아줘 수주 점유율도 떨어졌다.

다만 2021년에는 전세계에서 선박 발주가 많이 늘어날 거란 전망이 나온다. 특히 한국 선사들은 중국 선사 대비 경쟁력이 높은 액화천연가스(LNG) 선박을 중심으로 수주가 많이 늘어날 것이란 기대감이 커진다.

한국수출입은행 해외경제연구소는 전세계에서 선박 발주가 2021년부터 4년에 걸쳐 본격적으로 이루어질 것으로 예상한다. 특히 2020년의 수주가 적었기 때문에 수주액 기준으로 두 배 이상 늘어날 것으로 본다.

수주 기대감은 2020년 연말부터 현실화하고 있다. 최근 삼성중공업은 유럽 지역 선주로부터 총 25억 달러(한화 약 2조8000억원) 규모의 선박 블록·기자재 공급계약을 체결했다고 밝혔다. 이는 삼성중공업 역사상 최대 규모의 단일선박 계약이다. 2020년 진행된 카타르의 대규모 LNG선 슬롯(slot) 예약도 2021년 정식 발주로 이어질 것이란 전망이 나온다. 다만 해운·조선업 재건을 위한 정부 발주물량은 2020년에 비해 줄어들 것으로 예상한다.

한편, 한국 조선업계의 구조조정은 뜻대로 이뤄지지 않고 있다. 한국조선해양과 대우조선해양의 합병은 유럽의 결합심사가 늦어지면서 지연되고 있으며 주요 중형 조선사의 매각도 진행이 더디다.

수요 회복 철강, 예측 불가 정유

조선과 자동차 업황의 침체에 따라 철강업도 2020년 침체기를 보냈다. 한국 철강협회에 따르면 2020년 1~3분기 국내 철강업체의 조강 생산량은 4960만t

에 그쳤다. 연간을 기준으로 4년 만에 7000만t을 밑돌 전망이다. 2021년엔 세계 경제 회복세와 맞물려 철강 수요가 회복될 것으로 기대한다. 각국이 경기부양을 위한 인프라 투자를 확대할 것으로 보는 것이다. 세계철강협회는 최근 보고서에서 2021년 철강 수요가 2020년 대비 4.1% 증가한 17억9500만t이 될 것으로 추산한 바 있다. 코로나19 확산 추세가 심각하던 2020년 6월 내놓은 전망치인 17억1700만t보다 상향 조정됐다.

다만 중국 등과의 경쟁으로 증가 폭은 제한적일 것으로 보인다. 중국은 2020년 생산량이 4.5% 늘어 주요 생산국 가운데 유일하게 증가했다. 이에 맞춰 한국 철강사들은 제품 포트폴리오의 고부가제품 위주 전환, 생산원가 절감 등에 노력을 기울이고 있다. 일본의 설비 합리화, 유럽의 철강 탄소 중립 추진 등 선진국은 경쟁력을 지속적으로 강화하고 있는 상황에서 한국 철강산업의 자발적 구조조정 추진 노력이 필요하다는 게 전문가들의 시각이다.

코로나19로 인해 가장 큰 타격을 입은 정유업의 업황은 예측이 어려운 상황이다. 기록적인 저유가로 인해 국내 정유 4사는 2020년 5조원 규모의 사상 최대 적자를 기록할 것으로 추산된다. 정유업계의 원유 정제설비 가동률도 계속 떨어지고 있다. 결국 2021년 전망은 코로나19에서 얼마나 자유로워지느냐에 달렸는데, 수요가 얼마나 회복될지는 미지수다.

수요가 회복된다 하더라도 국내외 조세 강화 움직임이란 변수가 남아있다. 최근 발의된 지방세법 개정안에는 유류 정제제품이나 유해 화학물질 취급량에 세금을 부과하는 내용이 담겼다. 미국에서도 바이든 당선인의 선거 공약인 '탄소 국경 조정세'가 도입될 수 있다. 국내 정유사들은 석탄발전 비중이 40%에 달하는 데다 재생 에너지 사용 비중이 미국·유럽·일본은 물론 심지어 중국보다도 낮아 타격이 불가피하다고 분석한다. 大예측

비대면·헬스케어 주력 산업으로 부상할까?

YES 70%   NO

김태호 가이아벤처파트너스 책임심사역, 전 한국경제 기자

비대면과 바이오·헬스케어 산업의 성장세는 2021년에도 지속할 것으로 보인다. 일상의 변화가 산업의 지형도를 바꾸고 있어서다. 재택근무는 새로운 근무형태로 자리 잡았다. 대기업들은 거점 근무제를 도입하며 공유 오피스에 사무실을 얻기 시작했다. 노트북 화면에서 사람들을 만나 회의하고, 학교 수업을 듣고, 가벼운 음주문화를 즐기는 일도 이제 일상에 녹아 들고 있다. 다국적 제약사들의 백신·치료제 개발 소식은 당분간 지속할 것이며, 많은 사람은 어느 때보다 건강한 삶에 관심이 높다. 신종 코로나바이러스 감염증(코로나19) 여파는 이렇게 일상을 바꿔놨다.

자연스럽게 산업과 경제도 여기에 발맞춰 움직인다. 2020년 비대면과 바이오·헬스케어 분야에 많은 투자금이 몰린 것도 맥을 같이한다. 이 두 산업은 이제

SK텔레콤은 자체 개발한 그룹
영상통화 솔루션을 활용해 2020년
8월에 대기업 신입 공채 최초로
비대면 그룹 면접을 실시했다.

확실한 신(新)성장동력으로 자리 잡았다. 그리고 2021년부터는 주력산업으로 발돋움할 것으로 보인다. 2021년 해당 산업의 키워드는 '융합'과 '스케일업'이다.

디펜딩 챔피언 바이오, 신흥강자 비대면

2020년의 산업 트렌드를 우선 살펴보자. 사실 바이오·헬스케어 산업은 5년 전부터 주력 산업으로 발돋움을 시작했다. 산업 흐름의 최전선으로 볼 수 있는 벤처캐피털(Venture Capital·VC)의 투자 동향을 살펴보면 2016년 바이오·의료(헬스케어 포함) 분야는 기존 최강자였던 전자정보통신(ICT) 서비스 분야의 전체 투자액을 처음으로 넘어섰다. 그리고 2020년까지 꾸준히 벤처캐피털(VC)

이 가장 많이 투자하는 영역으로 자리 잡고 있다. 2020년 역시 3분기 기준으로 7684억원의 투자금이 몰려 업종 중 단연코 1위를 달리고 있다.

약 5년간 투자가 많이 이뤄지면서 증시에도 영향을 미치고 있다. 2020년 11월 기준 코스닥시장에 신규 진입한 기업은 66곳, 이 중 18곳(27%)이 바이오·헬스케어 기업이다. VC의 누적투자는 일정 기간이 지난 뒤 기업공개(IPO)로 이어진다. 18곳 중 11월 기준 가장 시가총액이 높은 곳은 면역세포 치료제 개발 기업인 박셀바이오다. 시가총액은 약 7000억원 수준이다. 이 기업은 2018년 LB인베스트먼트, 아주IB 등의 VC가 투자했다. 이런 점을 감안하면 그동안 VC의 해당 분야 투자가 2021년 IPO 트렌드로 주름잡을 가능성이 높다.

비대면은 사실 2020년 처음으로 등장한 산업분류다. 코로나 시대가 낳은 새로운 산업분류법이다. 중소벤처기업부는 이 분야의 정의를 스마트 헬스케어, 교육, 스마트 비즈니스·금융, 생활소비, 엔터테인먼트, 물류·유통, 기반기술 등 7가지 분야의 비대면 기업으로 집계한다. 2020년 3분기까지 비대면 분야에 VC가 투자한 금액은 1조3362억원, 전체 투자액의 46.9%나 차지한다. 2020년 VC 투자의 2개 중 하나는 비대면 관련 기업 투자라는 셈이다.

주목할 만한 기업은 비바리퍼블리카(서비스명 토스)다. 2020년 8월 해외 굴지의 투자사들로부터 약 2000억원의 투자유치에 성공했고, 현재는 토스증권 설립에 박차를 가하고 있다. 대표적인 비대면 금융 서비스 기업으로 특히 2020년 많은 투자자의 관심을 받았다.

2021년에도 이같은 경향은 지속할 것이다. 해당 산업은 가속 성장모드에 접어들 것으로 보인다. 전망을 뒷받침하는 수치가 바로 '드라이파우더(Dry Powder)'다. 드라이파우더는 사모펀드(PEF)·VC펀드의 투자 약정액 중 아직 투자를 집행하지 않은 돈을 말한다. 쉽게 말해 아직도 시장에 투자할 수 있는

2020년 바이오·헬스케어 분야 코스닥 상장기업 ※기준 2020년 11월 26일

기업명	신규 상장일	최초상장 주식수	시가총액	공모가	업종
(주)레몬	2월28일	3450만주	4468억원	7200원	화학섬유 제조업
주식회사 고바이오랩	11월18일	1541만5766주	6112억원	1만5000원	자연과학 및 공학 연구개발업
주식회사 박셀바이오	9월22일	752만3000주	7365억원	3만원	자연과학 및 공학 연구개발업
주식회사 압타머사이언스	9월16일	846만6126주	2091억원	2만5000원	자연과학 및 공학 연구개발업
(주)드림 씨아이에스	5월22일	541만9150주	1074억원	1만4900원	자연과학 및 공학 연구개발업
(주)한국파마	8월10일	1090만6701주	2389억원	9000원	의약품 제조업
위더스제약(주)	7월3일	879만2415주	1838억원	1만5900원	의약품 제조업
에스씨엠 생명과학(주)	6월17일	1102만6646주	4148억원	1만7000원	의약품 제조업
(주)티앤엘	11월20일	406만4000주	2130억원	3만6000원	의료용품 및 기타 의약 관련제품 제조업
(주)피플바이오	10월19일	550만4470주	2901억원	2만원	의료용품 및 기타 의약 관련제품 제조업
(주)젠큐릭스	6월25일	621만6726주	1183억원	2만2700원	의료용품 및 기타 의약 관련제품 제조업
주식회사 미코바이오메드	10월22일	1671만6042주	1898억원	1만5000원	의료용 기기 제조업
이오플로우(주)	9월14일	1090만6640주	5048억원	1만9000원	의료용 기기 제조업
주식회사 이루다	8월6일	706만5000주	978억원	9000원	의료용 기기 제조업
주식회사 셀레믹스	8월21일	780만4083주	2372억원	2만원	기초 의약물질 및 생물학적 제제 제조업
(주)제놀루션	7월24일	406만5584주	1258억원	1만4000원	기초 의약물질 및 생물학적 제제 제조업
피엔케이피부 임상연구센타(주)	9월9일	750만2644주	1718억원	1만8300원	그외 기타 전문, 과학 및 기술 서비스업
주식회사 소마젠	7월13일	1686만1261주	3634억원	1만1000원	그외 기타 전문, 과학 및 기술 서비스업

자료: 한국거래소

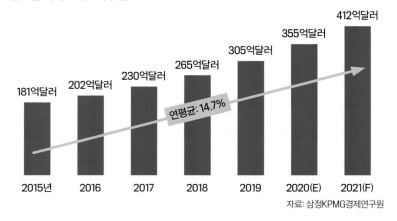

글로벌 비대면 의료시장 규모

- 181억달러 — 2015년
- 202억달러 — 2016
- 230억달러 — 2017
- 265억달러 — 2018
- 305억달러 — 2019
- 355억달러 — 2020(E)
- 412억달러 — 2021(F)

연평균: 14.7%

자료: 삼정KPMG경제연구원

> "결과적으로 2021년에 산업 흐름을 이끌 비대면과
> 바이오·헬스케어는 드라이파우더 소진과 함께
> 스케일업(Scale-up·규모 확대)이 진행될 가능성이 높다."

스마트 의료 인프라

현재 상황		미래 모습	
"불충분한 인프라로 비대면 의료서비스 활용 한계"		"스마트 의료 인프라 확충으로 비대면 의료서비스기반구축"	
성과지표	2020년	2022년	2025년
新 의료 모델	스마트병원 기반 미흡	스마트병원 모델 9개	스마트병원 모델 18개
감염병 대응 인프라	호흡기전담 진료체계 미비	호흡기전담클리닉 1000개	호흡기전담클리닉 1000개
AI 기반 정밀의료	AI 진단 기반 미흡	8개 질환 AI 진단	20개 질환 AI 진단

'실탄'이다.

　드라이파우더의 증가는 정부 정책과 연계된다. 2020년 7월 발표된 한국판 뉴딜 종합계획에는 비대면에 대한 언급이 63회나 이뤄졌다. 비대면 산업을 육성하기 위해 투입되는 투자규모는 2조5000억원 수준이다. 비대면과 연계되는 디지털 뉴딜에는 38조5000억원이 2025년까지 투입된다. 1000개의 비대면 스타트업 육성을 목표로 하는 투자펀드 '스마트 대한민국 펀드' 조성에만 6조원의 자금이 투입된다. 정부에서 투입되는 자금이 비대면, 바이오·헬스케어 산업 육성으로 흘러 들어갈 가능성이 높다.

'드라이파우더' 사상 최대, 투자 중심의 성장 가속 전망

이 같은 정책의 효과가 2020년부터 나타나기 시작했다. 2020년 VC 펀드 조성이 사상 최대라는 점이다. 2020년 3분기까지 누적된 벤처펀드 결성 실적은 2조6498억원이나 된다. 전년 동기 대비 6.3% 성장했다. 이런 추세라면 2020년은 연간 단위 사상 최대의 벤처펀드가 결성된 해가 된다.

　성장기업에 투자하거나 인수합병(M&A)에 자금을 투입하는 경영 참여형 사모펀드(PEF)의 드라이파우더 역시 크게 증가했다. 투자은행(IB) 업계에서는 투자대상을 정하지 않고 투자하는 블라인드 펀드 자금이 약 20조원이나 되는 것으로 추정한다. 국내 3대 대형 PEF 운용사인 MBK파트너스·한앤컴퍼니·IMM 프라이빗에쿼티 등이 조성한 펀드 규모만 12조3800억원이다. 벤처시장부터 M&A까지 다양한 성장라운드의 기업에 투입될 수 있는 자금이 충분한 상황이다.

　결과적으로 2021년에 산업 흐름을 이끌 비대면과 바이오·헬스케어는 드라이파우더 소진과 함께 스케일업(Scale-up·규모 확대)이 진행될 가능성이 높다. 2020년에는 유니콘(기업가치 1조원 이상의 비상장 스타트업) 기업으로 도약을 준비하는 해당 분야의 많은 기업들이 나타났다. 보스톤컨설팅그룹(BCG)은 최근 '떠오르는 차세대 테크 기업'으로 국내에서 카카오뱅크, 비바리퍼블리카(토스), 컬리(마켓컬리)를 꼽았다. 모두 비대면과 관련된 기업들이다. 현재 컬리가 유니콘 진입을 눈앞에 두고 있다. 최근 유니콘 반열에 오른 쏘카 역시 비대면 서비스로 분류된다. 2021년에는 이들의 뒤를 이을 비대면 서비스 기업들의 대규모 투자유치가 예상된다.

2021년 산업 흐름 주도할 키워드, 스케일업과 융합

융합 역시 중요한 포인트다. 비대면과 바이오·헬스케어가 융합된 비대면 헬스케어 분야가 특히 주목 받을 것이다. 사실 국내에서 비대면 의료는 불법이었다. 하지만 코로나 상황은 한시적으로 원격의료를 허용하는 방안으로 이어졌다. 이런 규제 완화를 통한 기업들의 성장이 활발하게 진행되고 있다. 한국형 뉴딜 계획에도 비대면 산업 육성 중 스마트 의료·돌봄 인프라 구축이 주된 육성분야에 들어갔다. 자연스럽게 해당 융합 산업에 대한 관심도 커지고 있다.

이 영역은 해외에서 이미 빠르게 성장하고 있다. 독일의 시장조사 업체 스태티스타(Statista)에 따르면 세계 비대면 의료시장은 2015년 이후 연평균 14.7%씩 성장했다. 2021년 예상 시장 규모는 412억 달러(약 45조원)에 달한다. 국내에서 최근 관련 기업들이 해외에서 대규모 투자유치를 받는 등 성장에 속도를 내고 있다.

비대면에서는 발 빠르게 사업전환을 이룬 기업들이 주목 받을 것으로 보인다.

패스트파이브는 오프라인 사업을 하는 곳으로 인식됐지만, 대기업들의 거점 사무실 공간으로 주목 받으며 오히려 2020년에 더 큰 성장을 이뤄냈다. 해외여행 중개 플랫폼인 마이리얼트립도 400억원 규모의 투자유치에 성공했다. 어떻게 보면 비대면과는 거리가 먼 플랫폼일 수 있지만, 회사는 코로나 특수 상황에서 비대면 관광상품을 개발해 위기를 기회로 만들었다. 그만큼 변화에 민감한 기업들이 시장을 빠르게 장악해나가는 기회를 얻는다.

투자업계에선 빈티지(vintage)라는 말을 많이 사용한다. 와인 제조에 사용된 포도의 생산연도를 뜻하는 말이다. 어느 해는 작황이 좋아 좋은 빈티지로 분류되고, 어떤 해는 풍수해로 나쁜 빈티지로 통한다. 투자업계에서도 수익률이 높거나, 나쁜 특정 년도가 있어 이같은 말을 사용한다. 차이점이 있다면 와인과 달리 투자의 빈티지는 시간이 지난 뒤에 좋았는지 나빴는지를 판단할 수 있다.

2020년과 2021년은 대한민국의 미래와 판도를 바꿔놓을 중요한 시기다. 그만큼 투자업계에서도 향후 그 결과가 어떻게 나타날지 관심이 많다. 전반적으로 투자가 어렵거나, 나쁘진 않았지만 어떤 특정 영역에 대한 새로운 해석과 새로운 경향이 나타난 것은 분명하다. 아마도 이 시기의 빈티지는 연도만큼이나 '포도 품종(비대면과 바이오·헬스케어)'이 중요하게 기록될 것이다. ⬤

배터리 산업
주도권 잡을까?

YES 60% NO

최윤신 기자

2021년은 세계 전기차(EV) 배터리 시장의 패권 다툼이 본격화될 것으로 보인다. 세계 전기차 시장이 급속 성장하는 가운데, 한국의 배터리 회사들은 세계 시장에서 입지를 공고히 하고 있다. 조 바이든이 미국 대선에서 승리하며 세계 자동차시장 각축지인 미국에서도 친환경차 바람이 불어올 거란 전망이 커진다.

다만 2020년 들어 한국과 미국 등지에서 이어진 배터리 화재 사태가 장애물로 등장했다. 전기 기반 모빌리티의 패권을 두고 자동차 기업과 배터리 기업의 패권싸움이 현실화될 조짐도 보인다. 일각에선 세계적인 자동차 회사들이 배터리 사업을 내재화할 것이란 전망도 한다.

한국무역협회 국제무역통상연구원에 따르면 2020년 상반기 기준 한국 전기차 배터리(2차전지) 산업은 세계 배터리 시장 점유율 1위를 차지했다. 세계 10대

2020년 10월 21일 서울 강남구 코엑스에서 열린 배터리산업 전시회 '인터배터리 2020' 삼성SDI 부스 모습.

배터리 제조사를 기준으로 비교했을 때 한국 배터리 업체들은 2016년 9.5%에 불과하던 점유율을 2020년 상반기 34.5%까지 끌어올렸다.

전기차 배터리 한·중·일 삼국지

2차전지 산업은 2021년에도 활황을 맞을 것으로 전망된다. 하나금융연구소는 최근 발간한 보고서에서 2차전지 제조업에서 국내 업체의 시장 점유율이 유럽 등 해외시장 공략, 신규 자동차 업체에 납품, 생산능력 증가 등으로 높아지고 있다고 분석했다. 이에 따라 전기차 배터리 보급 확대로 인한 규모의 경제 효과와 양호한 세계 시장 지위 등에 힘입어 국내 2차전지 업체의 매출액이 2021년에

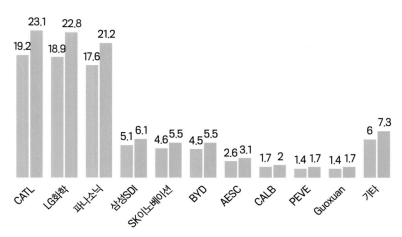

2020년 1~9월 글로벌 전기차 배터리 업체별 사용량

■ 사용량(GWh) ■ 점유율(%)

업체	사용량(GWh)	점유율(%)
CATL	19.2	23.1
LG화학	18.9	22.8
파나소닉	17.6	21.2
삼성SDI	5.1	6.1
SK이노베이션	4.6	5.5
BYD	4.5	5.5
AESC	2.6	3.1
CALB	1.7	2
PEVE	1.4	1.7
Guoxuan	1.4	1.7
기타	6	7.3

자료: SNE 리서치

전기차·배터리 시장 성장 전망

■ 글로벌 전기차 판매량 전망 ● 글로벌 리튬이온 배터리 시장규모 전망

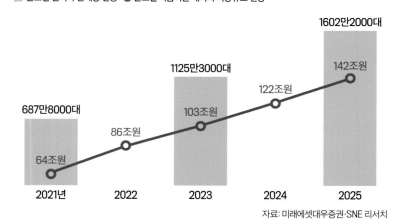

연도	글로벌 전기차 판매량 전망	글로벌 리튬이온 배터리 시장규모 전망
2021년	687만8000대	64조원
2022		86조원
2023	1125만3000대	103조원
2024		122조원
2025	1602만2000대	142조원

자료: 미래에셋대우증권·SNE 리서치

이코노미스트 2021 경제 대예측

도 30% 이상 늘어날 것으로 전망했다.

세계 2차전지 시장은 전기차의 확대에 힘입어 성장폭이 가장 가파를 것으로 예측되는 산업 중 하나다. 특히 2021년에는 각국의 환경 규제가 본격화되며 각 제조사의 전기차 경쟁이 본격화될 전망이다.

전기차 제조사 테슬라의 일론 머스크 최고경영자(CEO)는 2020년 9월 23일 '배터리 데이'를 앞두고 트위터에 "우리는 파나소닉·LG·CATL에서 배터리 공급을 늘릴 것이다. 이들이 최고 속도로 공급해도 2022년이 되면 (배터리는) 심각하게 부족할 것이다"라는 글을 남겼다.

세계적인 시장조사기관 IHS 마킷은 전기차 배터리 시장 규모가 연평균 25%씩 성장해 2025년에는 1600억 달러(한화 약 186조원)까지 커질 것으로 내다봤다. 2025년 1490억 달러(약 173조원)로 전망되는 메모리 반도체 시장보다 더 커진다는 것이다. 이런 전망은 미국 대통령 선거에서 민주당 후보인 바이든이 당선되면서 더욱 가시화될 것으로 보인다. 전세계가 자동차 업계에 대한 탄소 규제를 강화하는 가운데 트럼프 대통령은 '나홀로' 규제 완화를 추진했었다. 하지만 친환경 정책을 강조하는 바이든 시대가 개막하면서 세계 최대 자동차 시장인 미국에서도 전기차 시대가 확대될 수 있다는 전망이 나오기 때문이다.

세계적인 완성차 기업들의 동향을 살펴보면 전기차 경쟁이 더욱 심화하고 있어 2021년 전기차 배터리 산업의 성장폭은 커질 수밖에 없다. 전기차 시장을 선도하는 테슬라는 공급량을 전 세계적으로 확대하고 있다. 메르세데스 벤츠, BMW, 아우디 역시 대규모 전기차 체제를 만든다는 방침이다.

이 기업들이 이미 내놓은 EQC, i3, e-tron 등이 소규모 생산에 그쳤지만, 앞으로 내놓을 전기차들은 새로운 플랫폼을 기반으로 본격적인 전기차 시대를 열 것으로 여겨진다. 현대차도 전기차 기반 플랫폼 E-GMP를 기반으로 만든 첫

차 아이오닉5를 출시할 방침이다. 기아차 역시 이 E-GMP 플랫폼을 활용해 2021년에 전기차 CV(프로젝트명)를 출시할 예정이다.

전기차 수요 급증만큼 치열해지는 배터리 경쟁

다만 문제는 폭발적인 수요 증가가 예상되며 배터리 시장에 새로운 주자가 등장할 가능성이 높다는 점이다. 현재 전기차 배터리 시장은 한국과 중국, 일본의 경쟁 구도다. 시장조사업체인 SNE리서치에 따르면 2020년 1~9월 세계 전기차용 배터리 점유율 톱10을 한·중·일 3국 기업이 3분했다. 한국 기업은 LG화학(2위), 삼성SDI(4위), SK이노베이션(5위) 등 3곳이, 중국 기업은 CATL(1위), BYD(6위), AESC(7위), CALB(8위), Guoxuan(10위) 등 5곳이다. 일본은 파나소닉(3위)과 PEVE(9위) 등 2곳이다.

현재로선 국내 배터리 3사 입장에서 가장 큰 위협이 되는 것은 업계 1위인 중국의 CATL이다. 2020년 8월까지만 해도 LG화학은 1위를 달렸지만 다음달 집계에서 CATL에 역전됐다. CATL은 중국시장을 중심으로 테슬라와 협력관계를 강화하고 있다. 중국 내 수요를 기반으로 CATL이 영향력을 확대해나갈 가능성은 여전하다.

완성차 회사가 배터리 사업에 뛰어들어 경쟁상대가 될 것이란 전망도 곳곳에서 나온다. 테슬라는 배터리 내재화를 수 차례 언급했다. 2020년 9월 개최한 '배터리 데이'에서는 2022년 100기가와트시(GWh), 2030년 3테라와트시(TWh) 생산 규모 확보를 목표로 세웠다. 중국 BYD의 경우 이미 배터리를 자체 생산해 생산량 기준 6위권에 올라서 있기도 하다.

미국 포드도 배터리 자체 생산을 염두에 두고 있다고 밝혔다. 미국 포드자동

LG화학 오창 전기차
배터리 생산라인

"현재 전기차 배터리 시장은 한국과 중국, 일본의 경쟁
구도다. 시장조사업체인 SNE리서치에 따르면
2020년 1~9월 세계 전기차용 배터리 점유율 톱10을
한·중·일 3국 기업이 3분했다."

글로벌 배터리 화재 관련 전기차 리콜

브랜드	모델	배터리 제조사	리콜 대수
포드	쿠가PHEV	삼성SDI	약 3만대
BMW	530e 등 PHEV	삼성SDI	약 3만대
현대차	코나	LG화학	약 8만대
GM	볼트	LG화학	약 7만대

자료: 외신, 국토교통부

차 최고경영자(CEO) 짐 팔리는 2020년 11월 13일(현지시간) 로이터 자동차 서밋 텔레콘퍼런스에서 "(배터리) 셀 제조에 대해 검토 중"이라며 전기차용 배터리 자체 생산 가능성을 시사했다.

그러나 배터리 업계에선 여전히 완성차 업체와 배터리 제조사 간 협업이 미래 전기차 시장의 대세가 될 것이라고 보고 있다. LG화학은 2019~2020년 제네럴모터스(GM)·지리자동차 등과 조인트벤처(joint venture·상호출자공동사업 계약)를 맺었다. CATL·파나소닉 등도 지리자동차·도요타 등과 배터리 관련 협력을 이어가고 있다. 최근에는 현대차와 LG화학이 인도네시아에서 조인트벤처를 설립할 것이란 전망이 나오고 있다.

배터리 화재 사태가 업계 운명 가를 변수

2021년은 국내 베터리 업체에게 기회의 시기이자, 동시에 큰 위기의 시간이 될 전망이다. 2020년 배터리 업계의 가장 큰 이슈는 단연 화재 사태였다. 현대차에 이어 제네럴모터스(GM)·포드·BMW 등 해외 업체들의 전기차에서도 안전성 문제가 불거졌다. 아직 화재 사고나 위험성의 원인을 배터리라고 특정할 수는 없지만, 배터리가 유력한 원인으로 지목되고 있다. 원인 규명과 별개로 안전성 논란이 불거지는 것만으로도 제조사들에는 큰 악재다. 화재 사태가 어떻게 결론지어지냐가 국내 2차전지 기업들의 운명을 가를 것이란 평가가 나온다.

업계에서는 현재 불거진 안전성 문제가 전기차 시대가 본격 개막하는 시기에 겪는 '성장통'으로 보는 시각도 많다. 하지만 이런 성장통을 한국 기업들이 정통으로 맞게 된 점은 우려가 될 수밖에 없다. 특히 원인 규명을 둘러싸고 배터리 업체와 완성차 업체 간 책임 공방이 불가피할 것으로 보여 화재 사태가 미래 산업의 패권싸움으로 이어질 가능성도 제기된다.

국내 배터리 업체 간 소송전도 위험 요소다. LG화학과 SK이노베이션은 영업비밀 침해를 이유로 장기간 소송전을 치르고 있다. 업계에선 자칫 국내 기업 간 갈등이 중국과 일본 업체에 사업 기회를 제공할 수 있다고 우려한다. 배터리 시장에서는 분초 단위의 경쟁이 이뤄지는 만큼 양사가 소송에 들인 시간과 비용이 한국 배터리 사업을 뒤처지게 하는 요인이 될 수 있기 때문이다. 반면 이번 소송이 중국을 비롯한 해외 경쟁사들의 지식재산권 침해, 인력 빼가기 행태에 제동을 거는 중요한 계기가 될 수 있다는 의견도 나온다.

한국 배터리 업계 숙원, 자원 확보·차세대 기술

한국 배터리 기업들이 심화하는 배터리 경쟁 속에서 패권을 차지하기 위해 필요한 것으로는 배터리 자원 확보와 차세대 배터리 기술 등이 과제로 꼽힌다. 전국경제인연합회 등에 따르면 한국 배터리 제조사들의 리튬과 코발트 자급률은 제로 수준이다. 대부분의 원재료는 중국으로부터 수입하고 있다.

미국 광물 전문 매체 마이닝닷컴에 따르면 현재 전기차 배터리의 핵심 원재료인 코발트와 리튬의 전세계 유통량 가운데 각각 82%와 59%를 중국이 차지하고 있다. 국가 차원에서 자원 개발 노력이 필요하다는 주장이 커진다. 이와 함께 현재 배터리 시장을 주름잡고 있는 리튬이온 외에 차세대 배터리 기술 경쟁에서 주도권을 잡아야 세계 배터리 시장에서 패권을 거머쥘 것으로 예상한다. 大韓民國

5

투자 가이드

코로나19 사태 초기 때 파국으로 치달을 것으로 예상했던 주식시장은 과열에 가까운 상승세를 나타냈다. 코스피·다우지수·니케이지수 등은 수직상승하는 괴력을 발휘했다. 코로나19로 침체한 경기를 부양하기 위한 정책적 유동성이 지렛대 역할을 했다. 미국 등 각국 중앙은행들이 통화정책·자산매입·저금리로 유동성 공급에 대대적으로 나섰기 때문이다. 이는 실물경제 투자로 흘러 들어가 부동산·금·채권 가격의 상승을 부추겼다. 코로나19 쇼크 여파로 안전 자산을 확보하려는 불안심리의 확산도 주요 배경이 됐다.

코스피 강세
이어질까?

YES 60%　　　NO

황건강 기자

　신종 코로나바이러스 감염증(코로나19)으로 증권 시장이 급락한 지 8개월 여 만인 2020년 11월, 코스피는 2600포인트를 돌파했다. 12월에는 2700선도 넘었다. 코스피가 지금과 같은 방식으로 지수를 산출하기 시작한 1983년 이후 1000포인트를 돌파하는 데는 약 6년이 걸렸고, 2000포인트를 넘기 위해서는 다시 18년이 필요했다. 그러나 코스피는 2020년 3월 이후 8개월여 만에 1200 포인트가량 상승하는 괴력을 보였다.

　상승세는 한국 증시뿐만 아니라 전 세계에서 확인할 수 있었다. 2020년 11월 뉴욕 증시에서는 다우지수가 3만을 넘어서며 사상 최고치를 갈아치웠다. 다우지수는 지난 1896년 출범 후 1만 포인트를 돌파하는 데 103년이 걸렸고, 2만 포인트 돌파에는 18년이 걸렸으나 8개월 만에 1만2000포인트가량 수직으로 상승

이코노미스트 2021 경제 대예측

2020년 12월
코스피는 2700선을
넘어서며 사상
최고가를 다시 썼다.

한 셈이다. 같은 달 일본에서도 니케이225 지수가 2만6000선을 돌파하면서 일본경제 버블 절정기 이후 29년 만에 최고치를 다시 썼다.

연말연시 불타오른 주식시장

증시가 사상 최고치를 갈아치울 정도로 불타오르는 모습에 열광하는 한편에는 이 열기가 2021년까지 이어질 수 있을지 의문으로 이어진다. 일단 코로나19로 전 세계가 신음하는 가운데 증시는 어떻게 수직으로 상승할 수 있었던 걸까. 주가 상승의 원동력이 무엇인지는 다양한 의견이 있겠지만, 일등공신에는 이견이 없다. 바로 유동성의 힘이다.

2020년 코스피 추이

11월 23일
2602.59

8월13일
2437.53

9월15일
2443.58

11월 2일
2300.16

3월19일
1457.64

1월 2월 3월 4월 5월 6월 7월 8월 9월 10월 11월 12월

자료: 한국거래소

연준 점도표

2020년 9월 공개된 미 연방준비제도(Fed·연준) 위원들의 금리 전망을 담은 점도표에 따르면, 연준 위원 17명 전원이 2021년 제로 금리가 유지될 것으로 예상했다. 2023년까지 제로 금리가 유지될 것으로 예상한 연준 위원도 13명이었다.

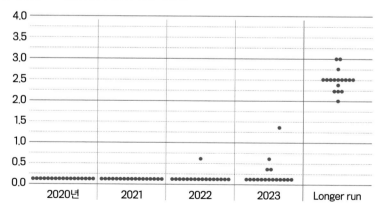

2020년 2021 2022 2023 Longer run

자료: 미국 연방준비제도

이코노미스트 2021 경제 대예측

코로나19 확산 후 각국 정부는 침체한 경기를 부양하기 위해 각종 정책을 동원해 유동성을 공급했다. 중앙은행들도 통화정책과 자산 매입 프로그램 등을 통해 유동성 공급에 나섰다. 정부 정책은 일단 접어두더라도 중앙은행들의 유동성 공급은 파격적이었다. 미국 중앙은행인 연방준비제도(Fed·연준)는 코로나19 확산이 심상치 않다는 판단 아래 2020년 3월 3일 긴급회의를 열고 기준금리인 연방기금금리를 0.5%포인트 내린 뒤, 같은 달 15일 연방공개시장위원회(FOMC)에서는 다시 한번 1.0%포인트 인하하며 '제로금리' 상태에 돌입했다. 보름여 만에 1.5%포인트나 떨어트린 셈이다.

한국은행 역시 2020년 3월 금융통화위원회(금통위)에서 기준금리를 0.75%로 0.5%포인트 낮춘 뒤 5월 금통위에서 0.25%포인트 더 낮춘 0.5%로 내렸다. 한국은행은 금리의 급격한 변동에 따른 시장의 충격을 줄이기 위해 통상 0.25%포인트씩 금리를 조정하곤 했는데 급박한 상황을 반영해 '빅컷'(big cut·큰 폭의 금리 인하)에 나섰다. 이외에도 2020년 3월에만 주요국 가운데 26개 국가에서 기준금리를 인하했는데, 영국·아이슬란드·캐나다 등 대부분의 국가가 '빅컷'을 단행했다.

코로나19가 촉발한 '유동성의 힘'

중앙은행들은 여기서 그치지 않고 각종 자산 매입 프로그램도 가동했다. 미국 연준은 2020년 6월 이후 매달 800억 달러어치 미 국채와 400억 달러어치 모기지담보부증권(MBS)을 매입하는 채권 매입 프로그램을 가동했다. 한국은행도 2020년 4월부터 7월까지 무제한 RP(환매조건부채권) 매입을 진행했다. 7월부터는 한국은행과 산업은행이 대출과 출자를 통해 10조원을 조성해 회사채와 기업어음(CP) 매입에 나섰다.

시중에 풀린 유동성 자금은 빠르게 증시에 스며들었다. 금융투자협회 집계에 따르면 투자자예탁금은 2020년 1월과 2월 각각 28조원, 31조원 수준이었다. 그러나 코로나19가 맹위를 떨친 3월 말 43조원을 넘어서더니, 8월 말에는 60조 5270억원으로 연초 대비 두 배 이상 늘었다. 투자자예탁금은 고객들이 주식을 사려고 증권사에 맡겨놓거나 주식을 판 뒤 찾지 않은 돈으로 언제든 증시에 투입될 수 있어 증시 대기자금으로 분류된다.

투자자들이 증시에 투입할 수 있는 자금은 여기서 고갈된 것이 아니었다. 유동성 자금의 위력은 코스피가 2600선을 넘은 11월에 다시 한번 확인할 수 있었다. 증시에 과열 우려와 조정이 나타나면서 2020년 10월 말 투자자예탁금은 55조원 수준으로 줄어들었으나 코스피가 2600선을 넘은 11월 18일에는 65조원을 넘기며 단기간에 10조원가량의 자금이 주식 시장으로 들어왔다.

2020년 3월 이후, 코스피 상승세와 함께 증시 대기자금이라고 불리는 투자자예탁금도 연일 사상최대치를 갈아치웠다는 점은 유동성의 시대를 맞이했다는 근거로 꼽기에 손색이 없다. 시장의 관심은 자연스럽게 각국 중앙은행들이 언제 유동성을 거둬들일지에 몰리고 있다. 시장에 유동성 자금이 넘쳐나 자산가격이 상승하면서 주요국 증시가 과열된 것이 사실이라면 유동성 축소가 나타난 뒤 거품이 급격히 빠질 수 있어서다. 실제로 국제통화기금(IMF)이 2020년 6월 말 발표한 금융안정보고서에서는 "이번 위기에 전 세계 주요 중앙은행들이 시장 기능을 원활하게 만들기 위해 매우 이례적으로 낮은 금리와 유동성을 공급했다"며 "대부분의 주요 선진국 주식 시장에서 시장 가격과 펀더멘털에 기초한 가치의 차이는 역사적으로 높은 수준"이라고 경고하기도 했다.

펀더멘털에 기초한 주식의 가치가 적정한지 아닌지는 뒤로 미루더라도 유동성 공급이 줄어든 이후의 시장 충격을 우려하는 목소리는 끊임없이 나오고 있다. 다만 당장 2021년에 급격한 유동성 축소가 현실이 되지는 않을 가능성이 높다. 여기서는 기축통화 달러를 쥐고 있는 미국이 주인공이다. 일단 미국이 2021년 중으로 급격한 유동성 축소에 나설 가능성은 높지 않다. 지난 2020년 9월 공개된 연준 위원들의 금리 전망을 담은 점도표에 따르면, 연준 위원 17명 전원이 2021년 제로금리가 유지될 것으로 예상했다. 2023년까지 제로금리가 유지될 것으로 예상한 연준 위원도 13명이었다. 제롬 파월 연준 의장은 0~0.25%인 금리를 동결하며 "완전고용 수준에 도달하고 물가상승률이 목표치인 2%를 상당 기간 완만하게 웃돌 때까지 현재의 금리 수준을 유지하기로 했다"고 언급했다.

한국에서도 단기간 내에 유동성을 거둬들일 가능성은 높지 않은 상황이다. 한국은행은 2020년 마지막 금통위 정례회의가 열린 2020년 11월 26일 금리 동결 결정을 내렸다. 7월, 8월, 10월 정례회의에 이어 4번째 동결이다. 이날 공개된 통화정책방향 결정문에서는 "통화정책의 완화 기조를 유지하면서 코로나19 전개 상황과 금융·경제에 미치는 영향, 그간의 정책대응 파급효과 등을 면밀히 점검할 것"이라고 밝히며 급격한 금리 인상에 나서지는 않을 것을 밝혔다.

2021년 급격한 유동성 축소 가능성 작아

유동성의 힘이 부각되곤 있지만, 주가 상승의 기본 동력인 기업의 펀더멘털에 변화가 없다면 상승세가 이어지기는 힘들다. 기업의 이익이 늘어야 그만큼 투자자들에게 지급하는 배당 등 주주환원이 늘고 주가 역시 이를 반영한다는 관점이다. 그리고 2021년 한국 기업들의 이익은 반등할 것이란 예상이 지배적이다.

2020년 기업 실적은 부진했던 2019년보다 더 어려움을 겪었다. 한국거래소가 집계한 12월 결산 코스피 상장법인 590곳의 2020년에는 3분기 누적 영업이익 총액(연결 기준)은 79조원을 기록해 2019년 3분기 누적치인 85조원에 미치지 못했다. 2019년 연간 영업이익 총액은 102조원으로 2018년에 비해 60조원이나 줄었는데, 2020년은 그보다도 못한 셈이다. 다만 부진했던 실적은 3분기부터 반등했다.

한국거래소에 따르면 이들 기업의 3분기 영업이익은 36조4475억원으로 전년 동기 대비 27.45%, 직전 분기인 2020년 2분기에 비해서는 57.78%나 늘었다. 코스피 상장사들의 실적 개선은 현재진행형이다. 금융정보업체 에프앤가이드에 따르면 증권사 3곳 이상이 실적 전망을 제시한 코스피 상장사 167곳의 4분기 영업이익(연결 기준) 추정치는 11월 말 기준 33조5860억원으로 전년 동기 대비 60.1%나 늘어날 것으로 점쳐진다.

코스피 상장사들의 호실적은 2021년에도 이어질 전망이다. 증권가에서는 전체 코스피 상장사들의 연간 영업이익이 2021년 175조원, 2022년에는 200조원에 이를 것이라 내다보고 있다. 2019년에는 코스피 상장사 전체 영업이익이 102조원에 그쳤으니, 3년 만에 두 배로 늘어난다는 전망이다.

상승 차별화에 주목할 때

증시 주변 상황도 긍정적이다. 가장 먼저 미국 대통령선거가 마무리되면서 불확실성이 줄었다. 전통적으로 미국 대선이 마무리될 때 전 세계 증시에서는 상승세가 나타난다. 실제로 미국 대선 이후인 2020년 11월 15일 미국 개인투자자협회(AAII) 서베이에서 향후 6개월간 시장에 상승세가 나타날 것이라 예상한 응답자가 전체 응답자의 55.8%로 나타났다. 2020년을 불안에 떨게 했던 코로나

한국은행은 2020년 마지막 금융통화위원회 정례 회의가 열린 11월 26일 금리 동결 결정을 내렸다.

"주가 상승의 원동력이 무엇인지는
다양한 의견이 있겠지만, 일등공신에는 이견이 없다.
바로 유동성의 힘이다."

주요 증권사들의 2021년 코스피 전망치

증권사	전망치 상단	증권사	전망치 상단	증권사	전망치 상단
JP모건	3200	삼성증권	2850	메리츠증권	2800
대신증권	3080	골드만삭스	2800	유안타증권	2800
SK증권	2900	크레딧스위스	2800	KB증권	2750
하나금융투자	2900	NH투자증권	2800	KTB증권	2750

자료: 각사

2020년을 불안에 떨게한
코로나19의 위세에
코스피는 지난 3월
1400대로 급락하기도 했다.

19 역시 화이자와 아스트라제네카 등을 비롯한 각국 제약업체들의 백신과 치료
제가 상용화에 접어들었다. 이들 백신과 치료제의 확보와 실제 효능 여부는 접어
두더라도 코로나19가 2021년 증시에서도 2020년과 같은 심리적 충격을 주기
는 어려울 전망이다.

유동성과 기업들의 실적 전망이 주가에 긍정적이란 판단이 퍼지면서, 증권가
에서는 2021년 코스피 예상치를 3000포인트로 내다보는 곳도 나오기 시작했
다. 대신증권에서는 2021년 코스피가 3080포인트에 도달할 것이라 예상했다.
대신증권 외에도 흥국증권이 3000포인트를 예상했고, 하나금융투자와 SK증
권은 2900포인트, 삼성증권은 2850포인트로 전망했다. 외국계 투자은행들도
전망치를 높였다. 크레디트스위스는 2021년 코스피 전망치를 2600포인트에서

2800포인트로 상향 조정했고, 골드만삭스도 2800포인트로 제시했다. 모건스탠리도 "한국 경제가 2분기에 저점을 찍은 것으로 보인다"며 "2021년 1분기에는 한국 GDP가 코로나19 사태 이전 수준을 회복할 것"이라고 예상했다.

긍정적인 전망에도 유의할 부분은 있다. 워낙 큰 하락을 경험했기에 2020년 코스피는 대부분의 종목이 상승하는 모습이었지만, 2021년에는 주도주와 소외주가 확연히 구분되는 모습을 보여줄 가능성이 커졌기 때문이다. 실제로 증권가에서는 상장사들의 실적 회복세가 완연해지자, 'K자 반등론'이 떠올랐다. K자 반등론은 일부 섹터는 주가와 실적 모두 가파르게 상승하겠지만, 또 다른 일부 업종은 회복세가 꺾이면서 하락할 수 있다는 양극화 전망을 말한다. 실제로 2020년 중반 이후 실적 시즌에서는 신기술 성장 산업으로 꼽히는 속칭 'BBIG'(바이오·배터리·인터넷·게임) 업종을 중심으로 어닝서프라이즈가 나왔고 주가도 빠르게 상승했다. 이에 비해 기계장비 업종이나 은행·유틸리티 업종 등의 상승세는 저조했다. 大메쓰

물꼬 막힌 악순환에 빠진 주택시장 안정화될까?

박정식 기자

2020년 말 주택시장은 그 어느 때보다 불안감이 팽배하다. 민심이 폭발하자 정부는 지금껏 규제 강화 위주에서 3기 신도시 사전청약과 빌라·호텔·상가 등을 활용한 임대주택 공급 확대 방안으로 주택시장 달래기에 나서고 있다. 하지만 시장은 아우성을 더 키우고 있다. '물건보다 심리전'이라는 부동산시장에서 언제 어떻게 변수로 작용할지 모를 각종 불안 요소들이 혼재해 있어서다.

수십여 차례 바뀐 정부의 부동산대책들도 불신을 부추긴다. 규제의 풍선효과 나 반사효과는 차치하더라도 세입자를 보호하기 위해 꺼내 든 정책마저 세입자 를 옥죄는 부작용을 낳고 있다. 다주택·고가주택 소유자·소유예정자에 대한 규제 정책은 투기지역 지정, 거래 제약, 대출 제한, 과세 증액으로 강도를 높여가고 있다. 이 때문에 집주인이나 세입자나 매도자나 매수자나 모두 혼란스러워하긴

서울 도심 아파트 전경

마찬가지다. 각종 부동산시장 지표들도 이 같은 상황을 가리키고 있다.

다주택자 압박으로 매도 늘면 집값 상승 약화 전망

이런 상황에서 2021년 주택시장에 대한 업계의 전망은 집값 상승세로 모이고 있다. 특히 수요가 쏠리고 있는 서울과 수도권의 주요 도시, 광역 단위 지방 대도시의 아파트는 매매가격과 전셋값의 강세가 당분간 지속할 것으로 예측한다. 수요는 많은데 공급이 부족하면 비싸지듯, 예년의 절반 수준으로 감소한 공급과 매물의 부족이 전·월세 가격을 끌어올리고 있으며, 이 전셋값 인상이 매매가 상승을 부추기고 있기 때문이다. 정부가 규제를 더 강화한다 해도 양질의 주

종합부동산세 세율 개정

시가 (다주택자 기준)	과세 표준	2주택자 이하			3주택 이상과 조정대상지역 2주택			
		현행	12·16	법인	현행	12·16	개정	법인
8억~12.2억원	3억원 이하	0.50	0.60		0.60	0.80	1.20	
12.2~15.4억원	3억~6억원	0.70	0.80		0.90	1.20	1.60	
15.4억~23.3억원	6억~12억원	1.00	1.20	3	1.30	1.60	2.20	6
23.3억~69억원	12억~50억원	1.40	1.60		1.80	2.00	3.60	
69억~123.5억원	50억~94억원	2.00	2.20		2.50	3.00	5.00	
123.5억원 초과	94억원 초과	2.70	3.00		3.20	4.00	6.00	

※기준: 공시가격 현실화율 75~85%, 공정시장가액비율 95%를 적용했을 경우　　　자료: 국토교통부·국세청

양도소득세 세율 인상

구분		현행			12·16대책	개정	
		주택 외 부동산	주택· 입주권	분양권	주택· 입주권	주택· 입주권	분양권
보유 기간	1년 미만	50%	40%	조정 대상 지역 50% 기타지역 기본세율	50%	70%	70%
	2년 미만	40%	기본세율		40%	60%	60%
	2년 이상	기본세율	기본세율		기본세율	기본세율	

자료: 국토교통부·국세청

취득세 세율 인상

소유	현재	현행	개정
개인	1주택	주택 가액에 따라 1~3%	주택 가액에 따라 1~3%
	2주택		
	3주택		8%
	4주택 이상	4%	12%
법인		주택 가액에 따라 1~3%	

자료: 국토교통부·국세청

택을 찾는 수요 증가를 충족할만한 공급난을 해소하지 않으면 집값 상승이 멈추질 않을 거라는 얘기다.

물론, 이와 반대로 집값 하락을 예상하는 시각이 없는 건 아니다. 문재인 정부는 그동안 집값과 전·월세 급등, 풍선효과와 반사이익 등의 부작용이 주택시장에 나타날 때마다 강도를 높여가는 여러 포괄적 대책들을 내놨다. 이렇게 수십여 차례 발표한 각종 규제가 3년 넘게 쌓이면서 지금은 옴짝달싹 못하게 주택시장을 겹겹이 에워싼 상황이다. 이 규제들이 2021년 탈출구를 찾지 못한 집값의 발목을 붙잡기 시작할 거라는 게 하락론의 시각이다. 수요를 흡수할 수 있는 물량이 부족하다 보니 매수세가 숨 고르기에 들어갈 수 있으며, 최근 단시간에 급등한 집값에 상당한 거품이 꼈있다고 보는 점도 집값 하락을 예측하는 이유다.

한국건설산업연구원(건산연)은 2021년 국내 건설·부동산 경기 전망에 대해 부동산시장에 대한 규제 여파로 집값이 하락 조짐을 보일 거라고 내다봤다. 건산연은 한국감정원 주택종합매매가격지수와 국토교통부 자료를 토대로 수도권 주택가격이 전년 대비 2020년 5.5%에서 2021년 -0.7%로, 지방 주택가격은 2020년 3.0%에서 2021년 -0.3%로 각각 꺾일 것으로 예상했다.

이는 지금 당장 입주할 수 있는 물건이 적다 보니 매수세가 둔화해 집값이 내려갈 수 있다는 예상이다. 즉시 입주가 가능한 일부 물건은 수요가 몰리면서 가격이 강세를 띠겠지만, 전체 매수세가 전반적으로 약해지면서 주택시장이 약보합세로 접어들 거라고 분석한다. 규제 부담을 털어내려는 매물들이 시장에 나올 수 있는 가능성도 집값 하락을 예측하는 이유다. 정부가 투기성 대출자금 차단과 징벌적 세금으로 다주택자에 대한 매도 압박 수위를 높이고 있어 매수세가 '똘똘한 한 채'에 주력하는 분위기다. 이에 따라 비인기 지역이나 소유 부담이 가중되는 매물들이 시장에 나오면 공급난을 겪고 있는 주택시장의 숨통을 일부 틔워

줄 것으로 예상한다.

건산연은 2021년부터 늘어나게 될 주택 인허가·분양 물량도 주택 수요를 달래는 데 기여할 것으로 예측한다. 인허가 물량(공공부문+민간부문)이 2015년 76만5328가구에서 2016년 72만6048가구, 2017년 65만3441가구, 2018년 55만4136가구, 2019년 48만7975가구, 2020년 약 45만 가구로 해마다 줄었다. 하지만 2021년엔 약 47만 가구로 증가세로 돌아설 것으로 예상했다. 분양 물량도 2015년 52만5467가구에서 2016년 46만9058가구, 2017년 31만1913가구, 2018년 28만2964가구, 2019년 31만4308가구, 2020년 약 30만 가구로 감소세였다. 하지만 2021년부턴 약 32만 가구로 늘어날 것으로 전망했다. 집값이 급등하고 전·월세 물건이 급감하자 수요가 임차시장에서 분양시장으로 이동하고 있어 분양 승인이 늘어날 거라는 판단에 따른 것이다.

집값 하락론의 바탕엔 정부의 정략도 깔려있다. 문 정부의 부동산정책의 핵심 기조는 주택의 공공성 강화다. 주택은 투자 대상이 아니라 거주 공간이며, 주택정책은 경기 조절 수단이 아니라 주거 안전장치라는 점을 강조하고 있다. 이를 위해 투기수요 근절, 실수요 보호, 생애주기별·소득수준별 맞춤 공급이라는 세 가지 대원칙하에서 정책을 펴왔다. 이젠 그 성과를 거둬야 하는 시기인데다 정권 기한(~2022년 5월 10일까지)이 1년여밖에 남지 않아 정부는 규제 고삐를 더욱 세차게 당기지 않을 수 없는 시점이다.

이런 상황은 정부가 공시가 현실화라는 초강도 규제 카드를 꺼낸 점에서도 엿볼 수 있다. 이 카드는 모든 부동산의 시세 대비 공시가 비율을 2021년부터 해마다 조금씩 높여 5~15년 안에 90%까지 끌어올리겠다는 전략이다. 90%에 도달하는 시점은 가격구간별로 다르다. 아파트 같은 공동주택의 경우 9억원 미만은 2030년에, 15억원 이상은 2025년에 90%에 이른다. 단독주택은 9억원 미만은 2035년부터, 15억원 이상은 2028년부터 90%를 적용한다. 토지도 2028년부턴 90%가 된다.

정부가 이를 중장기적으로 추진하려는 이유는 부동산시장의 충격을 고려한 점도 있겠지만, 한편으론 증세를 통해 예산을 늘리고, 규제 효력이 차기 정권에서도 계속 발휘되도록 하겠다는 의도도로 시장은 분석하고 있다. 공시가는 부동산 보유세(재산세·종합부동산세)를 비롯해 종합부동산세·건강보험료·증여·토지보상·농지부담금·기초연금·복지수급 등 60여개 항목 산출의 주요 기준지표로 활용된다. 즉, 공시가 상승은 부동산 가격에 변동이 없어도 관련 세금 증액으로 직결된다. 공시가 현실화 대상엔 9억원 미만 공동·단독 주택도 포함돼 주택시장이 앞으로 어떻게 반응할지도 귀추가 주목된다.

입주 물량 부족해지자 전셋값 상승 불안감도 커져

그럼에도 시장 분위기는 하락론을 불식시킬 만큼 집값 상승론이 주도하고 있다. 한국은행의 2020년 11월 소비자동향조사 결과를 보면 주택가격전망지수가 130을 나타냈다. 이는 2013년 1월부터 집계 조사를 시작한 이래 역대 최고 기록이다. 주택가격전망지수는 100을 기준으로 초과 수치가 많을수록 1년 뒤 집값이 지금보다 더 오를 것이라고 예상하는 사람이 많다는 의미다. 이 지수는 2020년 하반기에 들어서 상승폭이 더 커졌다. 전세 물건 부족과 전셋값 급등으로 집값이 향후에도 추가 상승할 가능성이 크다고 전망한 것이다.

일각에선 심지어 집값 상승세가 수도권 주요 지역을 위주로 길게는 2년여까지 이어질 수 있다는 시각을 갖고 있다. 상승 대세론이 그렇게 판단하는 이유는 불안한 주택시장 상황을 물리적으로도 당장 안정시키기 어려운 문제들이 도사리고 있어서다. 정부가 2020년 하반기 들어 규제 강화 일변도에서 공급 물꼬를 트는 쪽으로 정책 방향을 일부 수정한 점도 그런 이유에서다.

그 중 하나가 입주 물량의 부족이다. 앞으로 2년(2021~2022년) 동안 시장에 나올 아파트 입주물량이 평소보다 매우 적다는 점이다. 부동산 정보조사 업체인 부동산114가 집계한 전국 아파트 입주 예정 물량은 2021년에 약 26만5700 가구(서울 약 2만6900가구, 경기 약 10만1700가구), 2022년에 약 24만5500가구(서울 약 1만6900가구, 경기 약 8만800가구) 규모다.

이는 2018년 45만9700여 가구(서울 3만7500여 가구, 경기 16만8700여 가구), 2019년 41만1500여 가구(서울 4만8700여 가구, 경기 14만2700여 가구)와 비교하면 절반 규모에 그친다. 입주 물량이 2020년엔 약 36만4500가구(서울 약 5만200가구, 경기 약 12만4200가구)로 급감할 정도로 감소세가 지난 3년여 동안 이어졌는데 앞으로도 2년 동안 계속된다는 것이다.

입주 물량은 주택 수요를 흡수하는 주택시장의 주요한 한 축이다. 통상적으로 새 아파트 공급이 많으면 입주 물량이 풀리는 2~3년 뒤에 전·월세 시장이 안정화되는 속성이 있다. 세입자의 선택 폭이 넓어지기 때문이다. 반면 아파트 공급량이 줄면 전·월세가 오른다. 수요는 많은데 공급이 적으니 집주인이 호가를 높이기 때문이다. 즉 입주 물량이 줄면 전·월세 가격이 불안해지고 이는 집값 상승을 부추기게 된다.

이런 불안 요인은 KB부동산의 전세수급지수에서도 나타났다. 전세수급지수는 1~200 사이 수치로 표시하는데 100을 초과해 높아질수록 전세 공급 부족을, 100 밑으로 낮아질수록 수요 부족을 각각 나타낸다. 서울 전세수급지수는 2020년 1~5월에 150~160대에서 움직이다가, 6~7월에 170선으로 상승했으며, 10월 191.8, 11월 192.3을 기록했다. 이는 전셋값이 가장 크게 치솟았던 2013

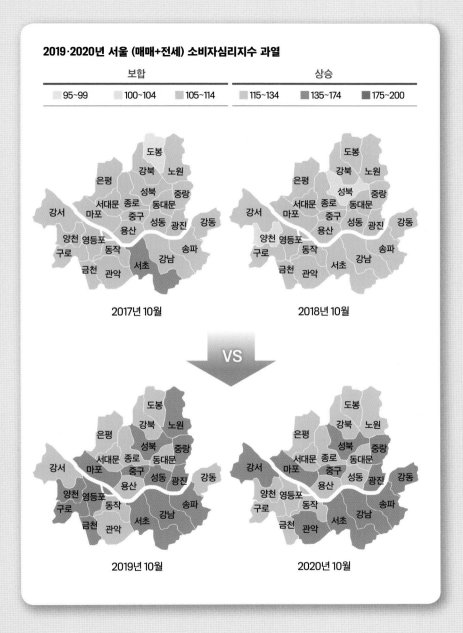

2019·2020년 서울 (매매+전세) 소비자심리지수 과열

보합
95~99 | 100~104 | 105~114

상승
115~134 | 135~174 | 175~200

2017년 10월

2018년 10월

VS

2019년 10월

2020년 10월

년 전후보다 높으며, 190선을 넘은 것은 KB부동산이 2000년부터 통계를 집계하기 시작한 이래 2015년 10월 이후 두 번째다.

이 같은 현상은 전셋값변동률에서도 마찬가지다. 한국감정원의 주택가격동향 조사에 따르면 2020년 전국 주택 전셋값변동률은 1월 0.28%, 5월 0.09%로 하락 안정세였다. 하지만 6월부터 0.26%로 반등하더니 8월 0.44%, 9월 0.53%, 11월 0.66%까지 가파르게 치솟았다. 전세수급지수와 전셋값변동률을 보면 2020년 6월을 기점으로 전세난 아우성이 커졌음을 알 수 있다.

집주인이 전세 거둬들이자 임대료·집값 인상 폭 커져

그 주범으로 주택시장은 주택임대차 3법을 지목한다. 국회가 관련 법을 손질하던 시기였기 때문이다. 주택임대차 3법은 2020년 8월 1일부터 시행한 계약갱신청구권제(전세계약 2+2년)와 전·월세상한제(임대료 상승률 5% 내 제한), 2021년 6월 1일 시행하는 전월세신고제(임대차 계약 신고)를 의미한다. 이에 따라 집주인이 전세 물건을 거둬들이고 전셋값을 올리면서 전세난이 일게 됐다. 세입자를 보호하려고 만든 법인데 시장에선 전셋값 인상과 전세 물량 감소를 부추겨 세입자를 괴롭히는 법으로 작동하고 있는 것이다.

2021년 주택시장 전망에 대해 집값 하락을 전망한 건산연도 전셋값에 대해선 어두운 전망을 내놨다. 전셋값 상승 폭이 2020년 4.4%에서 2021년 5%로 커질 것이라는 예견이다. 건산연 역시 그 원인으로 주택임대차 3법을 꼽았다. 전·월세 시장은 실수요 위주로 움직이는데 주택임대차 3법이 수급 불균형에 따른 전세 품귀 현상을 일으켰다는 설명이다.

한국감정원 통계를 보면 전년 말 대비 전국 아파트 실거래가 상승률은 2019

년 8월에 -0.77%로 하락했으나 2020년 8월에 10.25% 급등했다. 이는 앞서 2020년 2~5월 2~3%대보다 2배 넘게 뛴 수준이다. 2020년 8월은 주택임대차 3법이 시행되던 때다. 즉, 집값을 잡겠다는 정책이 전·월세 인상을 초래하자 매수세가 커졌고 이로 인해 집값이 다시 들썩이는 악순환을 낳고 있다.

전세 물량이 급감한 원인은 입주 물량 감소뿐만이 아니다. 정부가 투기요소를 차단하고 실수요를 늘린다는 차원에서 주택 소유자의 거취를 좁힌 점도 주원인으로 꼽힌다. 예를 들면 집주인이 투기규제 지역에서 양도세 혜택을 받으려 하거나, 재건축 아파트의 입주권을 취득하려 하거나, 고가 주택의 장기보유특별공제를 누리려 할 경우, 정부가 수혜자격 요건으로 지정한 실거주 기간과 실입주 기한을 의무적으로 채워야 한다. 특히 무주택자가 집을 살 경우 선택의 여지조차 없다. 이는 집주인이 물건을 시장에 내놓지 못하고 틀어쥐게 만들었다.

또한 정부가 주택등록임대사업의 공공성을 높인다며 단기 임대(4년)와 장기 일반매입임대(8년)를 폐지한 점도 전세 물건의 감소를 부추기고 있다. 이밖에 정부의 대출 차단과 과세 증액은 집주인이 월세로 전환하고 임대료를 인상하게 만들어 주택시장을 전세 매물이 나오기 어려운 구조로 바꿔버렸다. 이밖에 신종 코로나바이러스 감염증(코로나19) 사태로 경기침체의 골이 깊어지면서 일자리를 찾아 수도권으로 몰린 인구 증가도 주택난을 가중시키고 있다. 재테크

채권·금 가격 계속 오를까?

YES 78%　　NO

김대종 세종대 교수(경영학과)

2021년, 미국에서 조 바이든 대통령 시대가 열리면서 세계 경제가 활성화될 것으로 전망된다. 특히 바이든 당선인이 차기 행정부 초대 재무장관에 재닛 옐런 (Janet Yellen) 전 연방준비제도(연준·Fed) 의장을 지명할 계획을 밝히면서 미국은 내년 경제 살리기를 위한 대규모 재정 정책을 실행할 것으로 보인다. 옐런은 과거에도 일자리 우선 정책을 펼치며 미국 경제를 활성화하고 경기부양에 주안점을 뒀다.

세계 경제의 4분의 1을 차지하는 미국 경제가 움직임이 활발해지면 채권이나 금과 같은 안전자산의 가격에도 변화가 생길까. 경제는 숫자로 말한다. 앞으로 진행될 세계 경제 이슈를 비롯해 수십 년간의 채권이자율, 금 가격 변동 수치를 회귀분석해 2021년 채권과 금의 가격 추이를 전망해본다.

채권이자율과 채권가격은 반대로 움직인다. 채권가격이 오르면 채권의 이자율은 하락하고 반대로 채권가격이 내려가면 채권의 이자율은 상승세를 탄다. 이 때문에 정부가 공개하는 채권이자율의 변화를 보면 채권가격의 상승세 또는 하락세를 분석할 수 있다.

한국은행 자료를 통해 1980년부터 2020년 10월까지 미국 국채 이자율의 40년물을 회귀분석했다. X축은 매월 기준으로 기간을 나타내고, Y축은 채권의 이자율이다. 전체 기간이 약 500개월 정도다. 40년 기준으로 분석한 결과, 매월 기간에 해당하는 채권이자율이 하락하는 모습을 볼 수 있었다. 매월 마이너스 0.02% 평균 하락했다. 결정계수는 0.88이다.

이 그래프 분석이 미국의 채권이자율이 하락하고 있다는 것을 88% 정도 설

미국 국채 이자율의 40년물

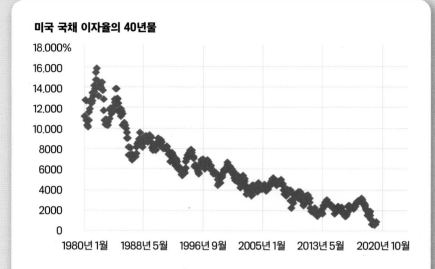

한국의 3년물 국채이자율과 미국의 10년물 국채이자율 추이

— 한국국채 — 미국 국채

자료: 한국은행

명을 할 수 있는 셈이다. 미국 채권 금리가 과거 15%까지 상승한 적도 있지만 2020년 11월 기준으로 0.87%로 하락했다. 소폭 반등은 있을 수 있지만, 장기적인 추세로는 채권이자율은 하락하고, 이에 따라 채권가격은 상승할 것을 예상할 수 있다.

한국 국채도 미국의 움직임에 동조

한국 국채는 미국과 다를까. 한국의 3년물 국채이자율과 미국의 10년물 국채이자율 추이를 비교해 보았다. 파란색이 한국 3년물 국채이자율이고 오렌지색이 미국의 10년물 국채이자율이다. 비슷한 형태를 볼 수 있다. 미국 국채이자율 형상과 마찬가지로 국내 채권이자율도 하락 추세다.

국내 국채이자율이 가장 높았을 때가 9% 정도인데, 2020년 1%대로 하락했다. 회귀분석 결과를 보면 국내 3년물 국채이자율은 매월 시간이 지남에 따라 마이너스 0.02%씩 하락했다. 일시적 상승은 있었지만, 장기적인 추세는 한국 국채이자율이 계속 하락했다는 것이다. 결정계수를 보면 82%다.

한국의 국채이자율은 미국 국채와 함께 우하향 그래프를 계속 이어가고 있다. 미국 국채이자율이 2020년에 한국 국채보다 더 높은 적이 있었다. 그러나 장기적으로 한국 3년 국채이자율이 미국의 10년물 국채이자율보다 아래에서 움직이고 있다. 거의 동조화돼 함께 움직인다고 분석할 수 있다.

채권가격은 주식 성장세와도 반대로 움직인다. 주식시장이 커지면 주식으로 투자하는 사람들이 몰리면서 채권이자율은 상승하고 반대로 채권가격은 하락하게 되기 때문이다. 2021년 미국 조 바이든 대통령 취임과 함께 주식시장이 팽창할 것으로 예상한다. 바이든 대통령은 전기자동차, 친환경 에너지, 인프라 구축 등으로 확장 경제를 추구할 것을 예고하면서 관련 주식시장이 활황할 전망이다. 주식시장에서 미국이 차지하는 비중은 50%. 미국 주식시장이 성장하면서 국내 주식시장도 2021년 3000포인트까지 오를 것으로 분석된다.

美 세계 다자무역 복귀, 국내 경제에도 호재

눈여겨볼 만한 또 다른 이슈로 세계 다자무역에 복귀하는 미국을 꼽을 수 있다. 바이든 당선인은 한국·일본·호주 등 우방국들과 경제를 활성화하겠다고 강조했다. 앞서 도널드 트럼프 대통령은 미국 우선주의 보호무역주의를 취했다. 바이든 당선인은 미국의 진정한 가치를 되살리겠다고 재차 강조했는데, 이는 미국 중심의 경제가 아닌 미국 우방국들과 함께 전 세계 경제를 동반 성장하겠다는 포부였다.

특히 바이든 대통령의 당선과 함께 미국의 환태평양경제동반자협정(CPTPP) 복귀가 예상된다. 조 바이든 당선인은 중국이 주도하고 있는 역내포괄적경제동반자협정(RCEP)에 대해서는 부정적이지만 미국 경제가 세계 경제를 주도하고 세계 무역에 표준을 이끌기 위해 CPTPP에 참여할 것이다. 이와 동시에 미국은 한국이 RCEP을 통해 중국 무역궤도에 빠지지 않도록 미국의 CPTPP 복귀와 함께 한국 역시 CPTPP에 참여하기를 바랄 것이다.

현재 미국은 CPTPP에서 탈퇴한 상태다. 도널드 트럼프 대통령이 2017년 2월 CPTPP 탈퇴를 선언했다. 하지만 일본은 2018년 말에 CPTPP를 체결한 데 이어 유럽(EU)과 자유무역협정(FTA)에 버금가는 경제동반자협정(EPA)까지 체결하면서 세계 무역권을 손에 쥐었다. 한국은 아직 CPTPP에 가입하지 않은 상태다. 2015년 가입 선언만 한 바 있다. 바이든이 공언한 미국의 세계 다자무역의 재등장은 한국 경제에도 호재가 될 전망이다. 한국은 무역 의존도가 65%(2019년 기준)로 세계 2위 수준인데, 세계 경제 교역이 확대할수록 경제는 성장하고 주식시장까지 커질 전망이다. 주식시장 성장은 채권이율을 낮추고 채권가격을 올린다.

2021년에는 신종 코로나바이러스 감염증(코로나19) 백신의 접종률이 70%에 이르게 되면 무역이 확대되고 경제 교류가 더 증가하게 될 것이다. 과거 무역 의존도가 85%까지 상승했던 한국 입장에서는 세계무역 활성화가 경제 성장에 큰 영향을 미칠 것으로 보인다.

코로나19 백신이 보급되고 얼어붙었던 세계 교역이 다시 확대되면 2021년 한국 경제성장률이 4%까지 증가할 전망이다. 주식시장은 그만큼 큰 폭으로 활성화될 것이다. 이 때문에 채권이자율 역시 코로나19 백신 보급률과 접종률 그리고 환자의 증가 속도에 달려 있다. 2020년 12월 11일부터 미국은 백신 주사 보급을 시작했다. 2021년, 빠른 속도로 코로나19 환자가 줄어들수록 교역 확대와 인구 이동의 증가로 경제는 다시 활성화되고 결론적으로 주식은 성장, 채권 이자율은 하락, 동시에 채권가격은 상승하게 될 것이다.

美 경기 부양책이 금값 상승세 자극

2021년 금 가격은 계속 상승할 것으로 보인다. 1970년도에는 금이 2달러밖에 하지 않았다. 그러나 2020년 11월 1864달러까지 올랐다. 약 900배 오른 것이다. 금 가격은 미국의 달러 가치나, 채권 이자율과 반대로 움직인다.

통계청 자료를 통해 1990년부터 2020년까지 1온스당 금 가격 추이를 살펴봤다. X축은 5년 기준으로 연도를 보여주고 Y축은 1온스당 금 가격이다. 그래

1온스당 금 가격 추이

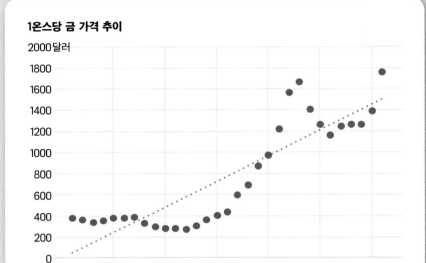

자료: 통계청

프에서 보듯이 금 가격은 매년 평균 48달러씩 증가했다. 회귀분석 결과 결정계수가 76%다. 76% 확률로 금 가격이 시간이 지남에 따라 상승한다는 것이다. 반대로 금 가격 상승이 틀릴 확률은 24%다. 따라서 30년 동안 금 가격 추이를 회귀분석한 결과는 금 가격이 장기적으로 상승한다는 것을 알 수 있다.

하지만 일시적으로 미국 경제가 흔들리거나 미국 달러화가 강세가 되면서, 금 가격은 잠시 하락할 수 있다. 그러나 장기적으로 금 가격이 상승한다는 것을 이 그래프의 우상향 형태가 보여주고 있다.

2020년 코로나19 사태의 장기화로 인해 큰 경제 피해를 본 국가 중 하나가 미국이다. 2021년 미국은 2020년도에 코로나19로 침체한 경제를 다시 살리기 위한 대규모 금융정책을 시행할 것이다. 미국 정부가 앞으로 운영할 금융정책은 두 가지다. 재정정책과 통화정책이다. 재정 정책은 국가가 예산을 풀어서 경기를 부양하는 것이다. 통화정책은 기준금리를 낮추는 정책을 말한다.

미국은 대출 금리를 낮추면서 사람들의 은행 예금을 최소화하도록 할 것이다. 즉 실물경제에 투자하거나 주식과 금을 사라는 의미다. 또 미국은 경제 활성화를 위해 2% 이상 물가가 오르는 것을 허용할 전망인데 많은 사람들이 물가가 오르면 더 실물 투자를 하게 될 것이다.

이에 금 가격은 더욱 오를 확률이 높다. 미국이 통화량을 계속 늘리고, 재정정책을 펴게 되면 미국의 달러가 약세화되기 때문이다. 미국 통화량이 많아진다는 것은 전 세계 달러 공급이 많아지면서 달러의 가치가 하락하게 된다는 것을 의미한다. 달러 가치가 하락하면 사람들은 기축통화인 달러 가치에 의구심을 지니고, 달러 가치 하락에 대한 위험을 회피할 수 있는 금을 찾게 될 것이다. 얼어붙은 미국 경제를 되살리려고 풀릴 달러는 원자재에 포함되는 금의 가치를 높이는 역할을 하게 되는 셈이다. 大매콜

코로나19 넘어 앞으로 나아가자

'부동산 블루' 늪에 빠지지 말아야

이병희 기자

'코로나로 시작해 코로나로 끝났다'

2020년 전 세계는 신종 코로나바이러스 감염증(코로나19)과 전쟁을 치렀다. 3차 세계대전에 비유하는 이도 있다. 한국도 예외는 아니었다. 지금도 눈에 보이지 않는 바이러스와 싸움 중이다.

나라와 나라, 사람과 사람이 치고 받는 것도 아닌데 숱한 사람이 목숨을 잃고 있다. 코로나19에 감염돼야만 목숨을 잃는 것은 아니다. 코로나19에 걸렸다는 낙인 때문에 수난을 겪은 이도 있었다. 코로나19에 감염된 이가 다녀간 식당은 손님이 끊겨 폐업 위기에 처했고, 그렇지 않은 곳들도 손님이 줄어 곡소리를 내고 있다. 소비가 줄면서 기업들도 버티기 위해 안간힘을 쓰는 중이다. 하루가 멀다고 구조조정 소식이 이어지면서 일자리를 잃는 이들의 걱정과 가족들의 한숨 소리가 커지고 있다. 코로나19의 유탄을 맞은 또 다른 희생자들이다.

올해가 이렇게 지나가게 될 것이라 예상한 사람은 아무도 없었다. 누구도 짐작하지 못한 한 해였다. 연초, 금방 종식될 것이라 여겼던 코로나19는 갈수록 기세가 등등해졌다. 한 달이면 끝나겠거니 했지만 오산이었다. 기온이 오르는 여름이면 바이러스도 맥을 못 출 것이란 예상도 딱 들어맞지는 않았다. 그렇게 1년이 가고 있다.

코로나19에 시달리는 사람들이 우울감을 호소하면서 '코로나 블루'라는 용어까지 나왔다. 외부 활동을 자제하고 실내에 오래 머무르면서 생기는 답답함, 언제든 코로나19에 감염될 수 있다는 불안감, 작은 오한이나 발열 증상에도 코로나19에 감염된 것은 아닐까 걱정하는 두려움, 무기력증 등이 이에 해당한다.

그래도 열심히 견뎌내고 있다. 견딘다는 것은 그저 숨만 쉰다는 게 아니다. 일상을 산다는 것이다. 어제와 크게 다르지 않은 평범한 하루를 보내고 있다는 말이다. 코로나19 이전엔 몰랐던 일이다. 평범한 하루를 맞이하는 게 이렇게 힘든

일인 줄을. 식당에서 밥을 먹고 카페에서 차를 마시는 일. 고단한 퇴근길에 동료들과 소주 한 잔 마시는 일. 짬을 내 운동을 하고 주말에 가족과 놀러 가는 일. 이런 일들을 최소한으로나마 조심스럽게 해내고 있다. 코로나 블루를 예방하고 극복하는 가장 좋은 방법이 일상생활의 리듬을 유지하는 것이라고 한다. 일상을 살아내는 것이다.

정부가 부동산 시름을 키웠다

정작 더 큰 문제는 '사는 곳'에서 터졌다. 정부는 집을 가리키며 사는(live) 곳이지 사는(buy) 것이 아니라고 했었다. 그런데 아이러니하게도 정부가 부동산 가격을 폭등시키면서 집은 꼭 사야 하는 것이란 인식을 심어줬다. 정부가 주택난을 만들어놓고도 해결하지 못하면서 더 큰 불안을 야기하고 있던 셈이다. 사람들의 우울감은 '부동산 블루'로 전이됐다. 서울에서 집을 사지 않은, 혹은 사지 못한 가정에선 아파트 얘기를 하지 못한다. 왜 사지 않았는지, 사려는 건 왜 말렸는지 이야기하다 보면 상대를 탓하게 되고 결국 다투게 되기 때문이다. 집값이 걷잡을 수 없이 오르고 전셋집이 씨가 마르면서 피로감을 넘어 슬픔을 호소하는 사람들도 생겨나고 있다.

문재인 정부는 20번 넘게 부동산 정책을 쏟아냈지만, 서울 집값이 천정부지로 오르면서 집 없는 서민들의 가슴팍에 생채기를 냈다. 서울에서 6억원 수준이었던 20년 넘은 아파트는 1년 사이 9억까지 치솟았다. 6억 미만의 아파트를 찾는 일이 어려운 상황이다. 정부와 국토교통부(국토부) 장관의 약속을 믿고 주택 구매를 미뤘던 국민들은 바보가 됐다. 열심히 땀 흘리는 것보다 재테크를 잘해야 돈을 버는 세상이 됐기 때문이다. 지난해 11월 "부동산 문제는 자신 있다"고 했던 대통령은 약속을 지키지 못했다. 그리고 지난 10월엔 "전세시장을 기필코 안정시키겠다"고 했지만, 전세난은 가중되고 있다. 약속은 헛말이 됐다.

국토부가 2020년에 내놓은 11·19 대책에서는 민간 주택을 공기업이 사들여 임대로 제공하는 '매입 임대' 방식도 언급됐지만, 실효성이 떨어진다는 지적을 받았다. '공공 전세' 가구만 주택 매입 가격을 현행 '최대 3억원'에서 '평균 6억원'으로 올리기로 했다. '질 좋은 빌라'를 임대주택으로 공급하겠다는 취지였지만, 상대적으로 잠잠한 다세대 주택 가격까지 들쑤시고 있다는 비판이 이어졌다.

진선미 더불어민주당 미래주거추진단장은 "아파트에 대한 환상을 버려라", "(임대주택은) 내 아파트와 비교해도 차이가 없다"고도 했다. 진 단장은 11월 24일에 서울 구로구 오류동에 있는 공공임대주택을 찾아 "막 성년이 된 대학생과 고령자 등이 (가구별로) 잘 믹스돼 있다. 어른들과 사는 재미나 청년들이 삶의 지혜를 얻을 수 있는 교류가 더 활발히 이뤄지길 기대한다"고 말했다. 정작 진선미 단장은 지난해 신축한 고급 아파트에 거주하는 것으로 알려졌다. 그는 고령자들과 청년, 어린이가 함께 사는 대단지 아파트에선 사람들이 어떤 삶의 지혜를 얻는지 말하지 않았다. 교류가 활발하게 이뤄지는지에 대해서도 언급하지 않았다.

2020년의 또 다른 시작과 끝은 부동산이었다. 부동산으로 시작해 부동산으로 끝날 판이다. 집값 폭등은 서울 강남에서 부산까지 옮겨갔다. 신축 아파트 품귀 현상이 나타나자 지은 지 30년 넘은 아파트값도 덩달아 올랐다. 아파트값이 끝 간 데를 모르고 치솟으면서 빌라에 단독주택까지 가격이 요동치고 있다. 2021년도 부동산으로 시작할 가능성이 크다.

이런 와중에 마주하고 있는 2021년을 바라보며 전문가들은 2020년과 크게 달라질 수 있는 점과 그렇지 않은 부분을 전망했다. 밖으로는 미국의 새로운 대통령 집권 이후의 상황이 주목된다. 전 세계는 물론 한국에도 가장 중요한 이슈 가운데 하나로 꼽힌다. 이는 대북 기조에도 영향을 미칠 수밖에 없다. 바이든 새 미국 대통령은 비핵화를 약속하지 않는 한 대북제재를 완화하지 않을 확률이 높은 것으로 전문가들은 예상했다. 북한도 핵 보유를 기정사실로 한 상황에서 이를 원점으로 돌리기는 쉽지 않아 보인다. 그만큼 한국의 중재자 역할이 어려울 수 있다는 뜻이다.

2021년 예상되는 변화와 과제, 그래도 나아갈 것이다

군사적 초강대국으로 돌아가려는 푸틴 러시아 대통령의 정책과 미국과 맞서며 세계 패권국의 한 축으로 자리매김하려는 중국의 행보도 예상된다. 주변국의 관계를 우호적으로 가져가면서도 투자와 무역 의존도를 줄이고 교류 상대국을 다변화할 필요성이 제기된다.

코로나19 이후 풀린 자금을 어떻게 관리하느냐에 따라 한국 경제의 내일이 판가름 날 수도 있다. 국제 3대 신용평가사 중 하나인 피치(Fitch)는 주요 20개국에서 2020년에만 7조6000억 달러 이상의 규모로 재정지원이 이루어질 것으로 예상했다. 한국도 마찬가지다. 이는 가라앉은 경제를 회복시키는 선순환 기능을 하는 한편 자산시장에 거품을 야기하는 폭탄이 될 수도 있다는 전망이다.

세계 경제의 중심이 아시아로 넘어오고 있다는 분석은 반길만한 소식이다. 중국이 주도하는 세계 최대 자유무역협정인 역내포괄적경제동반자협정(RCEP)은 아시아의 경제 엔진을 강화할 것이란 예측이 나온다. 원화 강세(환율 하락) 현상이 2021년에도 이어질 것이란 기대감이다. 4차 산업혁명의 핵심 소재 산업 등 한국의 경쟁력 있는 기술 등을 배경으로 한국 주식시장에 대한 우호적인 평가도 계속될 전망이다.

그러나 한국 안에서 벌어지는 문제를 간과해선 안 된다는 지적은 무겁게 다가온다. 가장 큰 이슈 가운데 하나가 가계부채 문제다. 한국에서 가계부채 뇌관이 갑자기 터지기는 어렵다는 예상이 많지만, 부채가 급증하고 세계 경제 위기가 올 경우 심각한 상황을 맞이할 수 있어 대비해야 한다는 지적이다. 과거 미국의 서브프라임 모기지(subprime mortgage crisis)) 사태로 인해 세계 경제가 타격을 입었던 상황을 외면해선 안 된다는 뜻이다.

코로나19 문제가 어느 정도 해결되면 일정 부분 경제가 회복될 것이란 전망은 희망적이다. 다만 수요가 줄어드는 철강이나 항공, 해운 산업 등은 정상화에 다소 시간이 걸릴 것으로 보인다. 2021년의 자동차 시장 변화의 핵심은 친환경차 중심 산업으로의 전환이다. 전 세계 주요국에서 내연기관 자동차에 대한 억제 정책과 친환경 차 우선 정책을 펴면서 우리 자동차 산업도 이에 발맞출 수밖에 없는 상황이 됐다. 수출이 늘어날 수 있다는 점은 고무적이지만, 개별소비세 정책을 통해 억지로 끌어올렸던 국내 자동차 판매 시장의 성장은 제한적일 것이란 전망도 있다.

문제는 부동산 과열이다. 지금처럼 쏟아내는 정부 정책으로는 2021년에도 부동산 블루를 해결하기는 어렵다는 지적이다. 한국을 뒤흔들만한 국내외 굵직한 이슈만큼 오늘의 부동산 문제는 작은 사안이 아니다. 삶과 가장 가까운 경제 문제이고 생활 전체를 관통하는 문제다. 주거 안정을 보장할 수 있어야 사람들이 평범한 일상을 살 수 있다. 집은 몸뿐 아니라 마음까지 누일 수 있는 안식처다. 그런 집을 마련하지 못해 불안을 느끼는 일이 없어야 한다. 코로나19에 힘든 하루를 견뎌낸 사람들의 한 걸음 한 걸음으로 2021년에도 한국 경제는 앞으로 나아갈 것이다. 그 힘든 걸음을 내딛는 사람들이, 한국 경제를 떠받치는 사람들이 적어도 사는 곳 문제 때문에 슬퍼지지 않는 2021년이 되기를 희망한다. 大예魯

2021
경제大예측

초판 1쇄 인쇄 2020년 12월 28일
초판 1쇄 발행 2020년 12월 30일

지은이 이코노미스트 편집부
펴낸이 이상언

펴낸곳 중앙일보플러스 이코노미스트
주소 서울특별시 중구 서소문로 100 J빌딩 9~10층
홈페이지 www.jmagazine.co.kr

디자인 임희정 · 김하나
인쇄 (주)타라티피에스
제작·판매팀 02-2031-1022

출판 등록 2008년 1월 25일 제2014-000178호

값 18,000원
ISBN 978-89-278-1200-5